放下執念，你可以改寫你的人生腳本

周司麗——著

小樹文化
Little Trees

放下執念，你可以改寫你的人生腳本

作　者：周司麗

出　版：小樹文化股份有限公司
社長：張瑩瑩｜總編輯：蔡麗真｜副總編輯：謝怡文｜責任編輯：謝怡文｜行銷企劃經理：林麗紅
行銷企劃：李映柔｜校對：林昌榮｜封面設計：耶麗米工作室｜內文排版：洪素貞

發　行：遠足文化事業股份有限公司（讀書共和國出版集團）
地址：231新北市新店區民權路108-2號9樓
電話：(02) 2218-1417｜傳真：(02) 8667-1065
客服專線：0800-221029｜電子信箱：service@bookrep.com.tw
郵撥帳號：19504465遠足文化事業股份有限公司
團體訂購另有優惠，請洽業務部：(02) 2218-1417分機1124

法律顧問：華洋法律事務所 蘇文生律師
出版日期：2025年3月5日初版首刷

ISBN 978-626-7304-69-3（平裝）
ISBN 978-626-7304-68-6（EPUB）
ISBN 978-626-7304-67-9（PDF）

特別聲明：有關本書中的言論內容，不代表本公司/出版集團之立場與意見，文責由作者自行承擔。

國家圖書館出版品預行編目資料

放下執念，你可以改寫你的人生腳本：國際溝通分析師的14個自我療癒小練習／周司麗著 -- 初版 -- 新北市：小樹文化股份有限公司出版；遠足文化事業股份有限公司 發行, 2025.03
面；公分
ISBN 978-626-7304-69-3（平裝）
1. 行為心理學 2. 人生哲學

176.8　　113019489

小樹文化官網　　小樹文化讀者回函

推薦序

更新老舊的人生腳本，是一個歡慶的旅程

文／黃珮瑛（諮商心理師、溝通分析預備教師和督導）

自一九七〇年代，艾瑞克・伯恩（Eric Berne）開創了「溝通分析理論」以來，TA（transactional analysis，也就是「溝通分析」）就有一種迥異於其他心理學理論的魅力——能讓任何門外漢或初學者很快的感受到親切，立刻能心領神會其中的一些概念或術語，或是感到戳到心眼兒裡的會心一笑，甚至很快的能用這些TA的概念來覺察自己，像是「自己不同自我狀態的反應」；或者能分辨與他人互動之間隱而未現的模式，像是「心理遊戲」。難怪當理論發展之初，伯恩的《溝通分析心理學1【人間遊戲】》（*Games People Play*）一書很快的成為全美暢銷著作。

但不止於此，伯恩後來的理論建構和著作，像是《溝通分析心理學2【人生腳本】》（*What Do You Say After You Say Hello?*）、《心理治療中的溝通分析》（*Transactional*

Analysis in Psychotherapy）等，又把那些看似簡單的TA概念，串聯整合成能解釋得更深刻的心理學理論，用以了解一個人的人格從小如何形成，而且如何在長大後一生都很穩定的繼續實踐，那就是伯恩用的「腳本」這個概念。這些年，我在教導及督導TA的學習者及實踐者時，常常聽到學生感慨的說道：「好像這都是腳本的影響。」或又疑惑說：「腳本到底是什麼？」是啊，TA裡的人生腳本的概念，總讓學習者有種似近又遠的朦朧感。

這時候，看到周司麗老師的這本《放下執念，你可以改寫你的人生腳本》的出現，真是太好了。

周司麗老師在這本書裡，不只介紹了腳本的重要概念，幫助讀者明白人在童年的影響下，如何限制了自己，且似乎改變不了老舊的模式，膠著於過去的心理創傷或形成的信念，不能以完整的自我來活當下的人生。周老師用親切又流暢的文字，說明人生就是童年寫成的一場戲劇，每個人無意識的按照老劇本演著自己的一生。最特別的部分是，每個段落都搭配一個相關的案例，在其中周老師娓娓道來生命如何卡住了，也一點一點抽絲剝繭，闡述這「卡住」的人生腳本能如何解套，迎來愈來愈完整的人生。

這本書讓你看見自己失去的力量，並且從實踐中重新獲得

很多人都會在成長中漸漸發現自己「卡住了」，甚至覺得「知道自己卡在哪兒，但經常感到沒有力量作出改變」，或者「找不到改變的轉折點、著力點」。周老師在本書的第二部，就針對這個現象提出了藥方。她有系統的闡述什麼現象是失去了什麼力量、如何找回並重建所失去的力量，且貼心的提供一些練習方法，使讀者能依據自己的了解，對自己所失去的力量，實踐練習而去重新獲得。這豈不是太棒了嗎！從溝通分析的概念中，發現弱掉的是哪個肌肉，再把它練強壯來！

人生的發展，不只是卡住的要疏通開來。周老師在本書的第三部，更是繼續用TA的資源來幫助讀者，發展更建設性、更愉悅，也更明亮的人生。是的，改變是為了更好，每個朝向更好的改變都值得努力，也值得喝采。

不只要擺脫輸家人生，也不只甘於不上不下、半吊子的平庸人生，希望所有讀者都能一步步的學會，建立屬於自己的「winner script, winner life」（贏家腳本、贏家人生）。

Contents
目錄

Part II 找回腳本中遺失的力量

自序

放下執念，真正從內在過上自由、滿足、踏實而幸福的人生

在正式成為心理諮商工作者前，和很多人一樣，我過著看起來很快樂的生活：我有情意相投的男友（後來也成為了我的先生）、良好的教育背景、還算支持和理解我的父母、體面的工作，還有幾位關係不錯的朋友。但每每生活遇到困境、情緒產生波動時，我的內在都會有一個聲音跳出來：「是不是縱使我已萬般努力，最終還是會一無所成、孤獨終老、遺憾離世呢？」特別是每次和家人產生激烈的衝突後，我常常會陷入深深的無力與絕望，不知道自己是否還有活著的意義。又有時候，我會開始不可遏制的暴怒，但暴怒過後依舊是揮之不去的心傷。我總是渴望獲得全然的愛與重視，但又似乎總是「求而不得」：「是不是即使我結婚了，但總有一天我們會因為無法繼續相愛而分手？」「是不是就算我獲得了博士學位，但在別人眼中還是那麼無知？」「是不是即使我很愛我的

父母，但他們永遠也無法真正愛我、理解我？」……每當生活遇到困境，我便掉入相同的黑洞。在那個黑洞中，我感到自己不重要、無法獲得愛、一生都不能得到自己最想要的東西。慢慢的，我發現了在我美好人生的外衣下，是暗淡淒涼的人生底色。

這一切的最終改變，發生於二〇一五至二〇一八年間。雖然我之前一直在進行心理學的專業學習和實踐，但看到的似乎總是自己的不同側面，而非全貌。隨著知識累積和加深的人生閱歷，我於二〇一五年第二次翻譯了溝通分析理論創始人艾瑞克·伯恩的經典著作《溝通分析心理學經典2【人生腳本】》[1*]。這一次，我終於理解了腳本的含義，也終於看清了自己的人生戲劇——在我內心深處中，「海的女兒小美人魚」的命運，原來就是我的人生結局！我突然明白，這些年來，我一直都在努力避免自己的一切化為泡沫，但又擔心冥冥中還是難逃厄運。這個黑洞終於清楚的展現在我的眼前——當一切都還順利時，生活似乎明亮而充滿了希望；而腳本一旦被觸發，我便會掉入「黑洞」，開啟痛苦而悲慘的戲碼。

看見與理解你的人生腳本，才有機會改變自己的人生戲劇

看到，便有改變的可能。隨著進一步學習和練習，我的人生戲劇獲得了徹底的改寫。我不再是那個全心付出、等待被愛，最終卻眼睜睜看著心愛之人娶了別的公主，自己只能化為泡沫的可憐又卑微的人魚。我開始看到父母雖然有很多不足，但比想像中更愛我、珍惜我，而且具有非常多值得我學習的寶貴價值。我開始看到我和先生雖然有很多激烈的衝突，但我們一直不斷調整自己、包容對方。我不再擔憂我們無法走到最後，而是踏實的確認我們可以相互合作，一起創造更美好的生活。我也開始理解我自以為曾被殘忍拋棄的戀愛，不過是雙方年少、不懂溝通而產生誤會的產物。我開始在朋友面前不做任何偽裝，完全且真實的呈現自己。我開始看到我擁有很多支持和愛，擁有很多知識和能力，可以嘗試很多挑戰，並可以向他人傳遞愛及有價值的東西。我不再害怕自己最終會一無所有，我知道自己已經擁有，並將繼續擁有我想要的一切。

理解並改寫自己腳本的同時，我也在用相同的知識幫助學生和來訪者。我看到經常想結束生命的人，找到了活著的方式與意義；不敢信任和邁向親密的人，建立了親密的友誼和戀愛關係；總是覺得自己的學業和事業不太成功的人，獲得了滿意的學業和事業

* 此標記為參考書目，請參閱本書最後面附錄。

發展；做著自己不喜歡的工作但又不敢辭職的人，勇敢尊重了內心，開始了全新的生活；總是在討好他人、漠視自己的人，開始重視自己的情感和需求……。

如果在生活中，你也經常感覺自己在重複某種不幸的遭遇或體驗，或者經常感覺自己會掉入某種熟悉的情緒黑洞。那麼，是時候檢視一下你的人生腳本了。很多時候，我們會把這些不愉快的遭遇歸結為不可控的悲慘命運，但往往它們只是小時候的我們為自己選擇了某齣人生戲劇的結果。

本書帶你讀懂你的人生腳本，並且在生活中加以運用

「人生腳本」的理論複雜而深厚，為了幫大家更好的理解腳本理論、讀懂自己的腳本，並能夠在生活中加以應用、做出改變，本書設計了三個部分：

第一部，我將帶領你認識人生腳本的核心概念，覺察自己人生腳本中的關鍵要素。

第二部，我將幫助你探索「在你的人生腳本發展過程中，哪些關鍵力量被破壞掉，從而使你無法為自己寫出成功且滿足的人生腳本」。同時，我也會設計一些活動，邀請你在日常生活中加以練習、拿回這些力量。

第三部，我將介紹重寫腳本的過程與必備技能，同時仍會邀請你加以練習。每個人的腳本都自成體系，改變腳本也屬於系統工程。因此，我建議你按照從前到後的順序完整閱讀本書。這樣，也許你會更完整的認識自己的腳本及如何改寫腳本。

在本書第二部和第三部每一章節的最後，都附有優秀的學員作業。本書共有十六位學員願意與大家分享他們的內心世界。他們深入的思考、真摯的情感、精采的故事與無比的勇氣，深深打動了我！希望你也能從他們的分享中獲得共鳴。

改變不會一蹴而就，但沒有開始，就永遠不會抵達。願本書成為你跳出「黑洞」，真正從內在過上自由、滿足、踏實而幸福的人生助力。感謝你願意閱讀本書，在大大的世界，能夠透過文字與你相遇，我感到無比榮幸。如果能為你帶來一些啟發和力量，我將分外開心！

周司麗

二〇二二年六月於北京

Part 1
認識你的「人生腳本」

人們自六歲，就已經決定好自己將如何生活、如何結束；而這樣的決定，來自出生起，我們與父母、重要他人相處的經驗。當身邊的大人愛我們、保護我們、友善的對待我們，我們會認為自己是值得生存在這個世界上的，也因此塑造出「贏家腳本」；但如果身邊的大人冷漠的對待我們、對我們大吼大叫，就有可能塑造出「輸家腳本」或是「非贏家腳本」，讓我們感受到自己不應該存在於這個世界上。而若沒有覺察，這些過往的經驗，將變成我們一生的「執念」，不斷影響往後的生活與人際關係……。

Chapter 1

我的人生，為什麼會是現在這個模樣

什麼是人生腳本？為什麼需要了解它？

人們常說「人生如戲」。我們每個人都有自己的人生戲劇。有的人的戲劇很精采，有的人的戲劇很枯燥，有的人的戲劇很悲涼……每個人的人生戲劇不同，在生活中經歷的事件和體驗就不同。關於人生戲劇存在一個問題：人究竟是在生命結束時，才完成劇本的書寫；還是劇本早已寫好，生命如何結束，只是劇本的一部分？

溝通分析心理學創始人艾瑞克・伯恩提出了「人生腳本」的概念，用以反映每個人早已寫好的人生劇本[2]。他說：**每個人在幼年時就決定了自己將如何生活、如何死去。無論走到哪裡，他都會在腦中把這個計畫帶到那裡，這就是所謂的「腳本」**。伯恩提出，每個人在六歲左右，就對自己會有怎樣的人生做出決定：孩子最初都想長命百歲或獲得永恆的愛，但生命頭五、六年發生的一些事，可能讓他改變主意——他可能決定要

早早死去或不再冒險愛任何人。做這些決定時，他的經驗非常有限，然而，這些決定卻非常適合那時的他。或者，他也可能從父母那裡學到並決定——生活與愛雖然充滿冒險卻非常值得。一旦做出決定，他便知道自己是誰，並開始帶著「像我這樣的人身上會發生什麼」的眼光來看世界。他知道自己理應得到什麼結局。

「六歲左右，腳本便已形成？」「那時，我們就知道自己是誰？」聽到這個說法，你是不是非常驚訝？你可能會存疑，那麼小的我們真的可以做出決定嗎？如果你不確定這些問題的答案，我想，可能是因為你早已忘記自己六歲及六歲之前面對成人世界的感覺了。接下來，就讓我帶你模擬當時的情景吧。

六歲的你身高大約一百一十五公分，體重大約二十公斤。那時，大人的身高至少是你的一．三倍至一．六倍，體重至少是你的二至四倍。假如此刻的你就是六歲的你，不論男女，我們取平均身高一百六十五公分，平均體重六十公斤。那麼，大人對你而言，就是一個身高至少為二百一十五至二百六十四公分，體重至少為一百二十至二百四十公斤的「巨人」。再具體一點來說，現在的你每天都要和一群高度差不多達到天花板、身型魁梧的龐然大物一起生活。抬頭看看屋頂、想像一下，面對這樣的巨人，你有什麼感覺呢？（如果你實在想像不出來，可以在網路查詢姚明與其他人的合影，直覺感受一下。）如果你只有兩、三歲，身邊的大人看起來則更為巨大。這些巨人對你微笑、表示喜歡，還是對你皺眉、表示不耐煩，或是對你大聲吼叫，甚至要伸手打你，你的內心絕對會產生不同的感受與想法。

假如巨人們很喜歡你，他們傾聽你、保護你，你可能會覺得自己是個很棒的人，覺得自己很有力量。你可能敢於做自己或對抗他們，因為你知道他們愛你、接受你、不會傷害你。但假如這些巨人討厭你、對你感到厭煩，你可能會認為最好低調行事、乖乖聽話、不去製造麻煩，以免遭到懲罰，甚至是滅頂之災。因為力量懸殊，孩子為了生存，必須盡早且盡可能了解這些巨人，從而找到自己的生存策略。一旦確定了生存策略，便也初步形成了腳本。之後，孩子就會帶著他們發現的生存策略繼續生活。

案例1 為什麼我們總是不由自主的妥協退讓？

小林是一位男士，已經四十幾歲，在事業上發展得很成功，但內心一直非常懼怕與權威發生衝突。面對權威時，他總是必恭必敬，不敢表現出半點質疑。

他有一個非常嚴苛的母親，從小母親就是家裡的權威，只要有人的言行不符合

母親的要求與期待，都會受到強烈抨擊。小林也看到母親對父親表達不滿時，兩人經常發生激烈的衝突，甚至大打出手。他很小的時候就發現，在家中最好的生存策略就是「放棄自己的主張與想法，順從與討好母親」。他常常因為很乖、不用大人操心、表現良好等原因受到母親誇獎。成年後，因為他的服從與執行能力強，在事業上得到了認可與晉升，後來單獨負責一個部門的工作。但隨著時間推移，他經常感覺自己缺少了某些東西、經常感到內心壓抑。比如，部門間因為資源問題產生衝突時，他很少能像其他負責人那樣據理力爭，總是不由自主的妥協退讓。對於他溫吞的做法，部分下屬也暗示過不滿。他對自己的否定感愈來愈強，焦慮、憂鬱、煩躁和屈辱的感覺也逐漸增多。

案例中的這位男士小林，年幼時期在面對「強大」的母親時，聰明的發現順從與滿足他人的期待，是他在家中最好的生存策略。這種生存策略在他承擔下屬的工作時，的確讓他受益。但當他成為部門主管時，這種策略便行不通了。陳舊的生存策略存在人們的潛意識中，缺乏靈活性、無法適應不斷變化的環境。**當過去的生存策略不再奏效，但**

一個人仍固守這種生存策略、無法做出其他選擇時，我們就會說，他「卡在」腳本中了。

對小林來說，他其實早已成長為獨立的大人，完全有資格、有能力與其他成人抗衡。可是，在他的腳本中，他一直都是那個乖乖服從的小男孩。那些「巨人」的影像依舊留在他內心深處——他是弱小的，別人是強大的——所以他完全不敢挑戰與忤逆他們。工作環境與要求的變化，向他的腳本發出了挑戰：小男孩做好準備成長為擁有並能夠維護自己想法與主張的成人了嗎？

如果能夠開始認識自己潛意識中的腳本，就有機會看清自己小時候的生存策略、檢視它們是否適用於當下的生活，並有機會開始學習新的策略。否則，人們就可能一邊哀歎生活中的不幸，一邊緊抱舊的生存策略不放，受困在腳本的束縛中。

Chapter 2

幸福或不幸的人生，似乎早已決定

怎麼看清自己的腳本結局

我們可以怎麼樣探索自己的人生腳本呢？人生腳本是非常厚重的概念，艾瑞克・伯恩用超過四百頁的著作進行了深入且詳細的探討。因此，腳本分析可以從多方面進行。在實踐中，比較簡便易行的方法是：把一個人的腳本看作一場有開端、有劇情發展以及有結局的戲劇，並探索其中包含的腳本結局、禁止訊息和驅力。本章將討論「腳本結局」。腳本結局可以直接反映出一個人內心深處對自身命運的信念：我這一生是幸得所願，還是終為一場空……。

腳本中的「贏家」、「輸家」與「非贏家」

腳本分析中，一共包含三類結局，用通俗的語言分別稱為「贏家」、「輸家」和「非贏家」（不輸不贏的人，有時也叫「平庸者」）。

腳本中的贏家，並不是我們在世俗意義上所說賺了很多錢或擁有很高社會地位的人，而是指「打算做某事，且從長遠的角度來看確實做到的人」。換句話說，從長遠的角度來看，一個人只要實現了自己對自己的期待和承諾，就是人生戲劇中的贏家。**輸家是計畫做某事，但完全沒有做到的人。非贏家則是部分做到的人**，他們的典型用語是「至少」，例如：至少我做到了什麼、至少我擁有了什麼。假如一個人想獲得博士學位，透過長期努力，他確實做到了，並為自己的成就感到滿足，那麼，他就是腳本贏家。假如他希望獲得博士學位，但最終獲得了碩士學位，那麼他就是非贏家。雖然他沒有獲得自己最想實現的成就，但「至少」還有碩士學位。而輸家則可能連大學也沒有考上，或者考上了也沒有順利畢業。再比如，一個人打算在四十歲前存一百五十萬元。如果他透過努力，最終做到了，那麼他就是腳本贏家；如果他部分做到了，比如存了一百萬，就是非贏家；而完全沒有任何積蓄，甚至還負債累累的人，就是腳本中的輸家。

現在，你可以回顧一下自己過去的人生發展，想一想自己在學業、事業、婚姻、愛情或健康等各個方面的情況。如果總體來說，你覺得自己是達成所願的、滿足的，那麼，你很有可能擁有贏家腳本。如果你覺得自己的人生還算過得去，說不滿足但也有一部分滿足；說滿足但又不那麼滿足，那麼，你很可能擁有非贏家腳本。但假如你覺得自己在任何方面都一事無成、沒有任何滿足感，那麼則可能擁有輸家腳本。**通常，如果一個人覺得自己的發展受到限制、生活總是不太理想，很有可能是受到非贏家或輸家腳本的影響。**

內心對自己與生活是滿足的，才是腳本中的「贏家」

我想再次強調，腳本上的贏家和輸家，與世俗意義上的贏家和輸家不同。一個人賺了很多錢或擁有很高的社會地位，不代表他就是腳本上的贏家。一個非常普通的人過著非常普通的生活，也不代表他就是腳本上的輸家。從外在來看，我們覺得一個人事業有成、光鮮亮麗，是「人生贏家」，不代表他在內心對自己和生活是滿足的。例如：小米公司的創始人雷軍，在《魯健訪談》節目中提到「在四十歲時覺得自己『一事無成』」。聽到這句話，很多人都無法理解。人們認為他賺了很多錢，所以罵他「裝」，但他堅持自己就是這種感覺。從腳本的視角來看，這其實非常容易理解。雷軍的夢想是創立一家偉大的、能夠改變世界的公司，但當時小米還未成立，雖然賺了很多錢，但他期待的目標並未實現。因此，從內在感受上，當時的他覺得自己是挫敗的。相反，一個普通小人物的期待就是「依靠自己的勞力養活自己」，最終他達成所願並感到非常滿足。雖然他的人生並沒有獲得所謂光彩奪目的成就，但他是腳本中的贏家。**腳本正是如此，與外在現實無關，而關乎內在感受。**下面，我們來看一個案例。

案例2 為什麼總覺得自己不夠好、比不上別人？

小清是一個年輕的女孩，出生在一個小城市，從小寄宿在爺爺奶奶家。她家的經濟狀況不好，和周圍的親戚相比，她總是覺得低人一等。她的母親總是抱怨父親沒本事，她在爺爺奶奶家總覺得抬不起頭來。她心想，總有一天，她會透過自己的努力，衣錦還鄉，讓親戚看到她過得比誰都好。

經過十幾年的努力，她進入了一線城市*的一家公司工作，還嫁給了很愛

她的丈夫。打拚後，兩人大大改善了生活條件，並且在一線城市買了幾間房子、幾輛車，經濟方面綽綽有餘。

也許你會認為，她現在終於可以揚眉吐氣，過上幸福的生活了。但令人想像不到的是，這個女孩依舊覺得自己不夠富有，還是捨不得花錢買漂亮的衣服、捨不得出去旅行、捨不得住好一點的飯店。她內心依然常常覺得自己不夠好、比不上別人、生活充滿了陰霾感。

為什麼小清的生活條件明明變得非常好，她還是感覺那麼糟糕呢？這正是因為她依舊生活在低人一等、我不夠好、無法感受成功和滿足的「輸家」腳本中。**如果心理和情感上的輸家腳本沒有改變，無論外在環境發生多大的變化，她的內在感受都不會有本質上的改變。**這就好比有些富人，明明已經擁有了很多財富，但依然覺得自己很窮。真正

* 中國對於城市分級的稱謂，最高等級的城市稱為「一線城市」，是經濟競爭力、工商業發展程度最高的城市。

貧窮的時候，他可能會因為自己沒有一部好手機而有不好的感受；在達到小康時，他可能會因為沒有一輛好車子而有不好的感受；而在非常富有時，他可能會因為沒有像某些人一樣擁有私人飛機而有不好的感受……無論真實生活怎樣改善，只要他生活在自己的貧窮腳本中，就永遠只會盯著自己沒有的東西，感受著自卑和不滿足。我們總以為：透過努力，一隻自卑的醜小鴨最終一定會變成美麗自信的白天鵝。這其實只是人們的美好想像。真實的情況是：**如果沒有改寫腳本，一隻習慣了自卑的醜小鴨長大後，即使變成了外貌美麗的白天鵝，內心依舊會認為自己只是變成稍微好看一點的醜小鴨！**

因此，看清腳本結局非常重要。它幫助我們直視自己是在以滿足的方式過人生，還是以還算過得去，或令人失望的方式過人生。

Chapter 3

童年環境，造就了我的哪些人生執念

童年的「禁止訊息」，如何造就輸家與非贏家

腳本中的「非贏家」和「輸家」是如何形成的呢？非贏家和輸家腳本與腳本中的「禁止訊息」緊密聯繫在一起。**禁止訊息是孩子在成長過程中，從父母或他的重要他人那裡感知到的禁令**。例如，有些父母總是抱怨養育孩子非常辛苦，或者要不是因為生了孩子，他們的事業或婚姻會有多好的發展。那麼，孩子就會認為自己是個負擔，並且相信只要自己不存在，父母的生活就會變得更好、更輕鬆。於是，孩子依據自己感知到的訊息，在腳本中形成了「不要存在」的禁令。他們常常會因為自己拖累了別人而深陷內疚、痛苦的情緒漩渦，感受不到自己的價值，並且常常想要甚或試圖結束自己的生命。他們需要耗費很大的能量才能維持「活著」的狀態，而帶有滿足感和成就感的活著，對他們來說似乎非常遙遠。

再比如，有些孩子的成長過程中，父母總是很忙、很少關注孩子的需要和感受、很少詢問他們的意見，也不會特意為他們慶祝生日或節日。慢慢的，孩子就會感知到「不要重要」的禁止訊息。他們在家中很少表達自己，進入學校或職場後，也會覺得自己的想法和需求是不重要的。他們表達得愈少，別人就愈難感受到他們的存在，久而久之，他們就真的更容易受到忽視、愈來愈邊緣化，變得愈來愈不重要。這種情況下，他們也很難過上充實、滿足和有成就感的生活。

艾瑞克·伯恩的學生高登夫婦（Robert Goulding & Mary Goulding），依據他們的臨床工作，提出了在腳本中最常見的十二種禁止訊息。分別是：❶不要存在；❷不要重要；❸不要健康；❹不要親密；❺不要歸屬；❻不要成功；❼不要做自己；❽不要思考；❾不要感受；❿不要行動；⓫不要長大；⓬不要做小孩。

接下來，請查看這十二條禁止訊息的詳細解釋，並思考：「在你的人生腳本中，是否被哪些禁止訊息所限制呢？」[3]

人生腳本中常見的十二條禁止訊息

禁止訊息❶：不要存在

．**含義**：感覺自己沒有存在的價值、不值得活著。

．**形成背景**：當父母處於自己的「兒童自我」*時，會感到疲憊、對孩子不耐煩、覺得孩子為自己帶來壓力和麻煩，從而排斥孩子。例如，母親意外懷孕，不得不生下孩子，雖然會照顧孩子，但很少在情感上接受孩子，甚至抗拒孩子；父親的「兒童自我」覺得孩子出生後搶奪了妻子對自己的愛，孩子出現時就感到煩躁、憤怒；但是孩子不出現時就感到放鬆等等。

．**人生縮影**：無價值感、不配得感。渴望全然被愛、被接受，但感覺不可得。容易做出自我傷害的舉動，有自殺的想法，嚴重時會有自殺行為。

．**情緒黑洞**：不順利時，會反覆感到憂鬱、無價值感、想結束生命。

---

* 在艾瑞克．伯恩的溝通分析心理學中，將人的自我分為：父母自我、成人自我、兒童自我。當人們處在父母自我的狀態時，會像父母一樣思想、感受、行為；當人們處在兒童自我狀態時，展現出的言行會像兒童時期的自己；而當人們處在成人自我狀態時，則可以客觀評估現實、基於事實做決定。相關資訊可以參考小樹文化出版的：《溝通分析心理學經典1【人間遊戲】》（*Games People Play: The Psychology of Human relationships*）。

禁止訊息❷：不要重要

- **含義**：可以活著，但不要體現出自己的重要性，例如：不要表達個人的需求與情感、不要發表個人意見、不要惹麻煩，安靜順從的待著就好。
- **形成背景**：父母常常忙於處理自己的事情（例如：父母自身遇到了很大的生活困境、父母忙於自己感興趣的事情、父母陷入婚姻危機，或者父母過度恩愛等等），而無暇照顧孩子的需求。
- **人生縮影**：安靜、自卑，在群體中不喜歡發表個人意見或被過分關注。拍照時不願站在C位，常站在邊緣。不願意背負責任，被要求承擔某種領導職責時，會感到緊張、無從下手。傾向拒絕承擔更重要的責任或角色。遇到困難時，傾向默默承受。不擅長維護自己和據理力爭，也可能反過來，過度要求關注和重視。
- **情緒黑洞**：遇到衝突時，會反覆出現「我好可憐」，「沒有人真正重視、關心我」的想法、感受和需求。

禁止訊息❸：不要健康

・**含義：**只有生病（身體不健康）或者發瘋（精神不健康）時，才能得到他人的關注或者對他人產生影響力。

・**形成背景：**一般情況下，父母對孩子的關注通常很少，但孩子生病或發瘋時，就會得到關注和安慰。或者在生病或發瘋的情況下，能夠得到特權。

・**人生縮影：**生活缺乏活力，身體總是出現各種毛病，常年服用藥物；或者情緒上總是感覺痛苦、掙扎，在別人看來「很不正常」。可能會透過生病、受傷或者情緒失控博取同情和獲得特權。

・**情緒黑洞：**總是糾纏在「我的身體又出問題了」、「我的情緒又崩潰了」的困境裡。

禁止訊息❹：不要親密

・**含義：**既可能指「不要擁有身體層面的親密」，也可能指「不要擁有情感層面的親密」。前者很難與他人進行身體接觸，如牽手、擁抱等等；後者很難與他人分享自己的情感世界。

・**形成背景**：家庭成員的關係比較疏離，或者不習慣身體接觸與情感表達。

・**人生縮影**：很少和家人談心，也很少與他人訴說自己真正的感受與想法，總覺得與他人之間存在距離，即使在伴侶關係中也是如此。感覺缺乏真正的朋友，沒有真正懂自己、接納自己的人。無法自然的進行身體接觸、感覺不自在。

・**情緒黑洞**：總是感到孤獨、與他人有距離感、不敢真實的靠近。

禁止訊息❺：不要歸屬

・**含義**：覺得自己不屬於任何組織或群體、總覺得自己與他人不一樣。

・**形成背景**：父母經常強調孩子與家中其他人或者別的孩子不一樣，強調孩子的特殊性；或者小時候經常搬家，孩子覺得如果全心全意投入一份關係，分離時會非常痛苦，因此不會對任何群體產生認同。另外，如果父母自身缺乏歸屬感，也會透過語言或行為表現，向孩子傳遞「缺乏歸屬感」的訊息。

・**人生縮影**：喜歡單槍匹馬、不喜歡團體活動、無法完全融入群體或職場中，與他人有隔閡感，經常處於群體的邊緣。內心常有「不知何處是我家」的困惑感。

・**情緒黑洞**：對「他人對待自己的方式」敏感，總覺得被孤立和被區別對待，或者

總覺得自己和身邊的人不一樣。

禁止訊息❻：不要成功

・**含義**：無法成功做到自己想做的事，或者即使做到，內心也無法產生喜悅和滿足感。

・**形成背景**：很多原因會導致孩子獲得「不要成功」的禁止訊息。例如，父母在指導、幫助孩子的過程中，會產生價值感和滿足感，因此孩子會透過「自己不成功」讓父母感覺良好；另一種情況是，父母擔心孩子會因為成功遠離自己，或者因為成功而遇到危險等等。

・**人生縮影**：常常覺得自己很差勁、事情做不好，或者比不過別人。平時很努力，但一到關鍵的考試或人生事件就會失敗。即使達成了目標，也不會體驗到強烈的成就感和滿足感，會認為自己取得的成績微不足道、不值得喜悅。

・**情緒黑洞**：經常感到失敗、挫折、沮喪、自己很糟。

禁止訊息❼：不要做自己

・**含義**：自己原本的、真實的樣子不能被接受，其中包括性別。例如家人不能接受自己的女性身分或男性身分。

・**形成背景**：當父母期待生男孩，卻生出女孩時，以養育男孩的方式養育這個女孩；或者相反，父母期待生女孩，卻生出男孩，於是以養育女孩的方式養育這個男孩。例如：幫孩子起與性別不符的名字、稱呼兒子為「女兒」，稱呼女兒為「兒子」，幫女孩剃平頭，給男孩穿裙子等等。另外，如果父母總是豔羨「別人家的孩子」，期待孩子以某種不符合自身風格與特質的方式表現自己，也有可能傳遞該種禁止訊息。

・**人生縮影**：經常不由自主的考慮「別人期待自己表現出什麼樣子」；經常有「不對勁」的感覺，好像「沒有表現出真實的自己」。有「不要做自己的性別」的禁止訊息時，對於表現出「與自己性別一致的行為」會感到難堪。

・**情緒黑洞**：不敢表現真實的自己、討好他人，因此經常感覺委屈和疲憊。

禁止訊息❽：不要思考

- **含義**：不要擁有獨立的思想。
- **形成背景**：父母認為自己更有經驗，不希望孩子犯錯或走彎路，因此常常代替孩子思考或輕視孩子的思考，不允許孩子在嘗試錯誤中學習。
- **人生縮影**：對各種事物缺乏獨立而清楚的認知，思考模式刻板。遇到事情喜歡隨波逐流，缺乏開放性、創新性。即使生活和工作中長期存在問題，也很難進行反思與改變。
- **情緒黑洞**：迷茫，不知道自己想要什麼或者應該追求什麼，也常常因自己沒有做出良好決策而體驗到遺憾、後悔的感受。

禁止訊息❾：不要感受

- **含義**：不要覺察自己的身體感覺，或者不要體驗或表達某種特定的情緒。
- **形成背景**：父母不允許孩子按照自己的身體感覺行事。例如，孩子已經吃飽了，但父母堅持認為孩子沒有吃飽，要求繼續吃；孩子覺得不冷，父母要求孩子必須多穿衣服……長此以往，孩子就會與自己的身體感覺失聯。另外，每個家庭都有自己的情緒規則，例如：有些家庭不允許憤怒、有些家庭不允許恐懼，之後孩子就會形成「不要感受憤怒」或「不要感受恐懼」的禁止訊息。

‧**人生縮影**：對自己的身體感覺不敏感，容易感到麻木和情感壓抑（或者容易壓抑某種特定情緒）。常常感到冷漠或不為所動，不會痛哭流涕，也不會勃然大怒，聲音缺乏抑揚頓挫，不輕易流露情緒（或者某種特定情緒）。

‧**情緒黑洞**：麻木、壓抑、提不起興趣，或者過度表現出家庭中允許的情緒，但壓抑禁止的情緒，例如總是微笑，而不能流露傷心。

禁止訊息⑩：不要行動

‧**含義**：可以去思考、去感受，但是不要採取行動，因為行動是危險的。因此，什麼都不做最安全。

‧**形成背景**：容易發生在「父母過度保護」或者「父母太忙沒有精力陪伴孩子探索」的家庭中。例如，孩子想探索世界，但父母擔心孩子遭遇危險，阻斷孩子的探索。或者，父母忙於工作或家務，把孩子局限在缺乏可探索事物的地方，讓孩子長時間、安全的待著，以免發生危險。久而久之，孩子就會感到「什麼都不做最安全」。

・**人生縮影：**做事缺乏積極主動性，或者總是做熟悉的事，缺乏好奇心和探索欲。做事猶豫、對現狀不滿，卻又很難付諸行動讓自己有所改變。例如，在職場上或生活中有很好的想法，卻難以採取行動予以落實。

・**情緒黑洞：**恐懼、擔憂、疲憊、思前想後，不敢前進，放棄時可能感到釋然。

禁止訊息⓫：不要長大

・**含義：**不要成長為青少年、不要成長為成年人，也不要顯露出性感，保持小孩子的狀態。

・**形成背景：**當孩子維持小男孩或小女孩的狀態時，父母就會感到孩子是可愛的、是能夠與之親密的。父母希望孩子成為家庭的開心果或被自己照顧的對象，從而避免自己感到無聊或缺乏價值感。

・**人生縮影：**即使已經成年，但是說話、做事、穿著打扮等等依舊表現出幼稚的狀態。不願面對與之年齡相當的議題，或承擔相應的責任。容易給人「戀母」、「戀父」、「媽寶」等感覺。人們常說的「巨嬰」，可能具有此種禁止訊息。

・**情緒黑洞**：感覺自己總是很幼稚、弱小、缺乏影響力、無法與其他更強大的力量抗衡。

禁止訊息⑫：不要做小孩

・**含義**：不要表現得幼稚、愛玩、黏人、依賴等等。

・**形成背景**：家庭生活壓力較大時，父母希望孩子盡快長大並獨立，不僅能夠照顧好自己的生活，甚至可以幫助大人分擔生活中的實際壓力，例如做家務、幫忙照顧弟弟妹妹等。另外，當父母自己表現得像個孩子時，便會與真正的孩子發生競爭關係——家中只能有一個小孩。於是，孩子早早學會收起自己的需求，像大人一樣照顧和滿足父母的需求。

・**人生縮影**：孩提時期不能自由自在的生活，早早被催促長大，容易形成堅強、太過認真的性格。經常忙於工作或者照顧他人，無法真正放鬆下來好好玩耍和享受。看起來較為嚴肅、正經，很少會像孩子一樣嘻嘻哈哈。

・**情緒黑洞**：壓力大、不敢放鬆、不敢享受，感覺萬事只能依靠自己，沒有人能夠讓自己依靠。

閱讀了這十二種禁止訊息的詳細解釋後，你覺得自己的腳本中有哪些禁令呢？禁令與輸家和非贏家的腳本結局直接相關。你可以在下表中勾選出自身具有的禁止訊息，如果有可能，請按照你感知到「束縛自己的程度」進行排序。

□❶不要存在	□❷不要重要	□❸不要健康
□❹不要親密	□❺不要歸屬	□❻不要成功
□❼不要做自己	□❽不要思考	□❾不要感受
□❿不要行動	□⓫不要長大	□⓬不要做小孩

看到這些禁令，並找到打破禁令的方法，是轉輸為贏、改寫人生腳本的關鍵所在。

最後，我們來看一個有關打破禁止訊息的案例。

案例3 為什麼我們總是恐懼成功、覺得自己很笨？

月月是一位正在準備跨領域報考研究所的女生。她認為自己在補習班裡屬於學渣類，身邊的人都比自己優秀。雖然老師經常鼓勵她，但她還是愈學愈洩氣，尤其是聽到老師表揚其他同學，而自己的作業經常無法過關、寫的重點整理和實驗設計總被老師退回來時，她就特別洩氣，覺得自己沒有學理科的天賦。特別是與數學相關的科目，她覺得自己學不會、基礎糟糕，甚至還沒開始學，就已經想睡覺。雖然她努力克制自己，但多數時間還是會打瞌睡，很難讓自己清醒。老師說她不認真，她覺得自己就是難以認真。後來，她發現自己有「不要成功」的禁止訊息。潛意識裡，她恐懼成功且相信自己很笨。她害怕成功後會遭到他人攻擊。媽媽也經常對她說：「妳站得太高就會掉下來，太優秀了就會驕傲。」當她識別出自己的禁止訊息，並開始逐步打破時，她發現數學沒那麼難了，自己也沒那麼睏了，連記憶力都提升了。之前的統計課中，她完全聽不懂公式與計算，而在之後的某次課堂中，她直接根據公式回答出了結果。她的進步讓老師非常驚訝，她也對自己可以有這樣的表現而驚訝和驚喜。

為什麼我就是無法放棄這些執念

為了生存，幼年的我們如何擺脫腳本中的禁令

當腳本中的禁令形成後，孩子會心甘情願的接受嗎？並非如此。**孩子會利用父母和老師教會他的知識，努力用他小小的腦袋尋找解決禁令的辦法。**例如，一個孩子覺得自己不可以重要，但每當他非常努力念書時，父母或老師就會在其他孩子或學生面前大力誇獎他，此時，他感受到了自己的重要性。慢慢的，他小小的腦袋就得出一個結論：只要我夠努力，就可以重要。於是，他愈想重要，就愈努力。隨著他逐漸長大，「努力」成為了他的「癮」，成為感受到自己重要的「條件」和「策略」，並轉化為潛意識的一部分。這時，「努力」就成為了他腳本中的「驅力」，像鞭子一樣驅使他必須維持努力的狀態——只要努力，就可以感到自己是重要的，而一旦鬆弛下來，他就立刻會觸碰到禁令，覺得自己光環散盡、不再重要。

人們身上有五種常見的驅力，用以對抗腳本中的禁令，分別是：❶要堅強；❷要完美；❸要討好；❹要努力；❺要趕快。[4]

· **有「要堅強」驅力的人**，會認為：如果自己夠強大，能夠依靠自己解決各種問題。不展示情緒和脆弱，自己就是有價值的，就可以活下去、變得重要、有歸屬感、長大等等。

· **有「要完美」驅力的人**，會認為：如果自己能夠把每件事做好、無可挑剔，自己就是有價值的，就可以成功、重要、親密、歸屬等等。

· **有「要討好」驅力的人**，會認為如果能夠讓別人高興、受到他人的喜愛，自己就是有價值的，就值得活著、重要、親密、成功、做個小孩子等等。

· **有「要努力」驅力的人**，不在乎結果，而在乎努力本身，他們會認為如果自己表現出努力、堅持的狀態，就是有價值的，就可以成功、重要、做自己等等。

· **有「要趕快」驅力的人**，會認為如果自己能夠快速完成所有事情，就是有價值的，就可以成功、重要、感到放鬆和安全等等。

為了「應對禁止訊息」而形成的驅力，會形成一個人的做事風格。某種「過度被強

調的風格」背後，可能隱藏著一個人的腳本禁令。

案例4 明明已經提早準備，為什麼還是無法放鬆？

一對夫妻約好一起出門，十之八九都會吵架。每次出發前，丈夫經常都會快速收拾完畢，站在門口等妻子。然後不知何故，妻子愈收拾愈慢，經常比約好的時間晚十分鐘才能出門。然後，兩人就會因為晚出發而大吵一架。丈夫責怪妻子太慢，妻子責怪丈夫給她壓力，而這種爭吵反反覆覆好多次。後來妻子反思，自己確實有點拖拖拉拉的，於是就加快了速度，做到準時出門。可是她發現丈夫還是不高興。她覺得很奇怪，詢問丈夫原因。丈夫說準時出發並不會讓他高興，只有比預定時間早，他才會感到放鬆。過了一段時間，他們又要一起出門，這次妻子動作很快，提早十分鐘就收拾完畢。可令她驚訝的是，雖然提早了十分鐘，丈夫依然很緊張的催促她，並沒有因為時間提早了就輕鬆愜意的跟她一起出門。他們還是因為出門問題，再次大吵了一架。

案例中的這對夫妻，從客觀角度來說，妻子確實依照丈夫的意見調整了自己的行為，他們的出發時間也不斷提早，可是為什麼丈夫都不滿意呢？這是因為他的腳本中有「不要感覺放鬆和安全」的禁止訊息，且他一直用「要趕快」的驅力加以對抗——只要我能快速完成任務，就可以感到放鬆和安全。他說，從小媽媽就告誡他做事一定要快，否則就會有壞事發生。一直以來，他都覺得只有快速且提早、更早完成任務，才會覺得自己是值得肯定的，才能夠感到放鬆和安全。因此，**在他過度強調「要趕快」的風格背後，隱藏著「不要感覺放鬆和安全」的禁止訊息**。

下面，請你根據這五種驅力的描述，尋找自己的主要驅力。也許你會覺得自己身上都有這五種驅力的影子，但一般來說，一個人的驅力以一至兩種為主。

□**要趕快**：不斷以更快、更快的速度做事或說話。認為所有事必須立刻去做。會打斷別人說話、催促他們完成正在說的句子、頻繁看錶、不耐煩的敲手指，或要求他人趕快。

□**要完美**：力爭完美，並要求他人也是如此。喜歡用高深的詞彙，回答比提問的內容更多或涵蓋各個方面。認為只有提供大量訊息，人們才能不失毫釐的理解他們。

□**要努力：**邀請他人與自己一起努力。不直接回答問題，別人提問時，會重複說一遍問題，例如回答：「這對我來說太難了」、「我不知道（其實知道）」。糾結，像陷在泥淖中。

□**要討好：**感覺自己有責任讓他人感覺良好。任意表達贊同、認為被喜歡很重要、力求獲得他人贊同。回答問題時常常點頭、抬起眉毛，並且常常說「嗯」。給人很好或很甜的感覺。

□**要堅強：**默默承受、情感克制。聲音平淡，沒有興奮的跡象。認為表現出情感代表脆弱。

有些人可能會好奇，這些驅力不都是積極的表現嗎，為什麼會成為腳本中的負面元素呢？這裡，我想再次強調的是，如果這些行為模式只是我們做事的原則和風格，它們確實是積極的。但**如果這些風格被「過度強調」，和「必須」、「不得不」連結起來，成為抵抗腳本禁令的潛意識策略，那麼這些原本是優勢的風格就會轉變為束縛的枷鎖**，也就是：如果不能達到這些標準，自己就失去了價值、失去了可以感覺良好的資本。

無法時時刻刻滿足驅力，讓我們不斷墜落到人生黑洞中

到這裡，非贏家或輸家的腳本概貌就被呈現出來了。透過腳本禁令，一個人會走向非贏家或輸家的腳本結局。但孩子不願意接受這個結局，於是用驅力行為加以抵抗。當他們能夠符合驅力要求時，會感覺良好，會覺得自己是個贏家。但遺憾的是，驅力中的條件注定無法時刻滿足。例如，**一個人即使努力保持堅強，但他不可能完全消除脆弱。當他不能維持堅強時（如生病、家人離世、工作壓力過大等等），就會掉到腳本禁令中，體驗到負面的感受（例如自己是失敗的、不重要的等等）**。此時，他便墜落到自己的人生黑洞中，再次感受令自己痛苦但卻很熟悉的感受。下面，我們來看一個案例。

案例5 為什麼總是被其他人的負面回饋影響？

小豐是一位中年男士，每當他的工作受到誇獎、主管挑不出毛病時，他對自己的感覺就非常良好，覺得自己是成功人士。可是一旦主管的回饋是負面的，他立刻就覺得自己彷彿從雲端掉了下來、覺得自己非常糟糕。因為疫情，他離

職換到另一家公司工作。在新公司裡他勤勉、認真，受到主管和同事的一致好評。第一次工作彙報後，主管回饋表示：這是他聽過最好的報告。小豐非常開心，體驗到了很強的成就感。兩個月後，在不熟悉的領域中，小豐又完成了另一場報告。結束後，主管表示希望他能把握住重點和深度。看到主管回饋的那一刻，他整個人都低落下來，失敗感和愧疚感久久縈繞在心頭。那天恰好是他的結婚紀念日，他原本打算與妻子一起愉快的慶祝一番，可是那一整天，他都覺得非常糟糕，再次體驗到熟悉的失敗與灰暗感。

案例中的小豐，為什麼會有如此波動的高峰和低谷體驗呢？這是因為他有「不要成功」的禁令和「要完美」的驅力。第一次報告時，他得到主管高度的評價，滿足了「只要我是完美的，就是成功的」的條件，因此他對自己感覺良好。而第二次報告是他不熟悉的領域，因此沒有得到完美的評價。只要他覺得自己是不完美的，就會立刻體驗到「自己是失敗的」。擁有非贏家或輸家腳本的人，常常會體驗到自己已經非常努力了（驅力），但似乎仍舊擺脫不了「命運的安排」（禁令），最終以遺憾收場。

Chapter 5

為什麼他是人生中的贏家，而我則是輸家

什麼是能夠做真實自己的「贏家腳本」

腳本中的贏家是怎樣的呢？《天生的贏家》（*Born to win*，繁體中文版翻譯為《強者的誕生》）作者妙麗葉・詹姆斯（Muriel James）和桃樂絲・鐘吉瓦（Dorothy Jongeward）在書中有詳盡的描述[5]，我認為可以歸納為以下六個方面：

❶**真實：對贏家來講，取得成就不是最重要的，「真實」才是。**一個真實的人透過了解自己、做自己，來體驗自己的內在真實面，同時讓自己成為可靠、敏銳的人。他不僅能夠實現自己的獨特性，也欣賞他人的獨特性。他們不會耗費精力刻意表現什麼、偽裝某種姿態或控制別人。他們能夠坦誠的面對自己，而不會做作的討好別人或者引誘、激怒別人。他們不會將自己隱藏在面具之後，而是拋卻了不真實的卑下或優越的自我形象。

❷自主：贏家能夠在相當長時間內保持自主性。贏家能夠獨立思考和應用自己的知識，同時也會聽取他人的意見、評價他人的觀點，但最終會做出自己的結論。儘管他們景仰、尊敬他人，但絕不會被他人左右、束縛或威嚇。他們不會玩「無助」和「怪罪別人」的把戲，而是能擔負起自己生命的責任。他們不會被他人駕馭，因為他們知道自己可以做自己的主人。有時他們也會讓步，甚至失敗，但在向後退卻時，仍能堅守最基本的自信。

❸恰當：贏家善於把握時機，能夠對情境做出適當的反應，同時保全自己和他人的意義、價值、福祉與尊嚴。他們不會虛度光陰，而是善用時間。他們能夠享受，也能夠延遲享受（暫時嚴格約束自己，以期在未來得到更多快樂）。他們不畏懼追求自己的理想，能恰當的朝目標努力。

❹自知：贏家了解自己的過去，對現在有清醒的認識，對未來充滿期待；他們了解自己的局限，但並無畏懼。他們不會被自己的矛盾和衝突擊敗。作為真實的人，他們知道自己在什麼時候是生氣的狀態，也能夠在別人生氣時予以傾聽。他們能付出感情，也能接受感情；能愛人，也能被愛。

❺自然：贏家能夠自然的做事，而不會刻板行事，當情況需要時，他們能改變自己

的計畫。他們對生活充滿熱情，享受工作、娛樂、食物、人情、性及自然的一切，並坦然欣賞自己和他人的成就。

❻**關懷：贏家關心世界與人類**。他們不會對普遍的社會問題袖手旁觀，而是關切、憐憫並致力於改善人們的生活現狀。即使面臨國家或國際上的災難，他們也不會認為自己是完全無能的人，而是會盡力使世界變得更美好。

總體來說，贏家能夠認清自己、做真實的自己、承擔個人責任、享受生活、追求目標、靈活處事、保持自信，同時也能夠尊重、關心和欣賞他人。

獲得「許可」的贏家，與獲得「禁令」的輸家與非贏家

那麼，贏家和輸家是怎樣造就的呢？在成長過程中，贏家會從環境中獲得許多「許可」（請參考本書第十六章的內容），而非贏家和輸家則會獲得許多「腳本禁令」。一生中，如果只有一些輕微的禁令——比如父母不贊成但溫和的反應——不會影響他成為贏家；但如果一生中有中度或重度的禁令，他就只能成為非贏家或輸家。**父母威脅式的皺**

眉最容易養出非贏家；粗暴的尖叫、扭曲的面部表情和惡意的身體懲罰，一定會造就輸家[6]。

「腳本分析」的目的，在於結束當前這場表演，換上另一場更精采的演出。如果你發現自己的人生腳本已經是非常精采的贏家腳本，那麼，祝賀你！如果你對自己的人生腳本還不滿意，那麼你可以認識它、改寫它，換上更精采的演出。

最後，我們來看一個從非贏家腳本改寫為贏家腳本的女孩的案例。

案例6 為什麼只能在親密和成功中二選一？

小美是擁有非贏家腳本的女生。從小到大，她的成績都很優秀，但有個奇怪的現象——每到重要考試，她就會發揮失常。小美的父親一直想要男孩，她出生後，父親一直都用極高的標準來要求她——做到優秀是正常，做不到優秀就是她有問題。小美一直覺得「只有自己足夠優秀，才值得被愛」。讀大學後，雖然小美的成績也很優秀，但她總是覺得自己不夠好。透過腳本分析，她發現自己因為「不是父親期待的性別」，感受到了「我是沒有價值的」、「我是失敗的」禁止訊息。她一直在用「優秀」證明自己的價值（要完美、要討好的驅力），但與此同時，她也要用「不成功」來維持和父親的良好關係。因為只有她遇到困難和挫敗時，父親才會來幫助她、鼓勵她，這時，她才能感受到和父親之間的親密感。最終，她總結出自己的腳本——「我可以優秀但不可以成功」。同時，

小美發現這個模式也充斥在她的人際關係中：她不敢不優秀，因為只有優秀的人才有利用價值、才能擁有朋友；但同時她又不能特別優秀、完全成功。因為在她的潛意識中，如果自己成功了，就失去了向朋友尋求關心的「資本」。她一直生活在緊張中，生怕自己不夠優秀就會遭到拒絕，同時又一次次重複上演著平時很優秀，但一到關鍵事件就失敗的戲劇。

透過腳本工作後，小美看清了自己的腳本及其形成的原因。她希望自己敢於相信自己的價值、敢於成功，而非用討好式的優秀表現及令人惋惜的失敗換取他人的同情。她認知到自己不需要在親密和成功中二選一，而是可以既獲得成功，又可以獲得親密。最終，她改寫了自己「要完美」、「要討好但不要成功」的腳本，接受了自己不完美但獨特的價值，開始放鬆並學會享受學習、休閒以及與他人的親密關係，最後獲得了學業與感情的雙豐收。

結語 看見人生腳本，看見自己如何度過自己的人生

人生腳本是指：一個人在童年時就已經形成的關於自己將如何生活、如何死去的人生計畫。這個計畫和舞臺上的戲劇一樣，有開端、有發展、有結局。有趣的是，這個人生計畫常常是無意識的，如果人們沒有經過特別的覺察和思考，就無法發現它的存在。腳本形成後，人們會把人生中發生的很多事情視為「命運」，然後一生便在一種既定、無意識的模式中走向落幕。可是，當你願意停下腳步、認真思考和回顧自己的人生時，就會發覺自己的腳本，很可能你會因而感嘆道：「啊，原來我是這麼活的！」

第一部主要透過腳本的概念及腳本中的重要元素（結局、禁止訊息和驅力），帶你認識並反思了自己的腳本。如果你發現自己已經是贏家腳本，我對你表示祝賀！你應該感謝家庭和幼時的自己，為當下的自己帶來的助力。如果你發現自己是非贏家或輸家腳本，也不要恐慌。任何時刻，我們都可以做出再決定、重寫腳本！

Part II
找回腳本中遺失的力量

本書第一部，我們探索了人生腳本的核心元素。而在這一部，我們將探索人生腳本的發展過程與階段。依據潘蜜拉．萊文（Pamela Levin）提出的腳本發展理論，成年前的腳本發展可以劃分為六個階段[7]。在每個階段，孩子將獲得一種關鍵能力。如果孩子在每個階段都能夠成功獲得相應的能力，最終將有很大的機率擁有贏家腳本。相反，如果孩子在某個或某些階段沒有成功解鎖相應的能力，那麼將形成腳本禁令，從而有很大的機率走向非贏家或輸家結局。沒有解鎖的能力，也會導致腳本發展中的「黑洞」，讓孩子在後續人生發展中重複遇到相似的困難。這一部，我將帶大家逐一了解這些重要的腳本發展階段，以及其需要解鎖的關鍵能力。

除了提出腳本的具體發展階段，潘蜜拉．萊文最重要的貢獻是提出了「循環發展」的思想——我們的腳本並不是直線的、暫時性發展的，而是螺旋式發展，意思是隨著生命推進，人們會再次回到相同的成長主題上，就像今年的夏天雖然已經過去，但是明年的夏天還會到來。因此，無論何時，被封印的能力都有機會失而復得，永遠都有可能改寫腳本。

接下來，讓我們一起進入六個階段、六種能力。透過這些學習和練習，希望你能找回自己腳本中遺失的力量。

Chapter 6

為什麼我找不到自己存在的價值

改寫人生腳本的第一步，重啟「存在力」

你是否想過，為什麼小馬出生幾個小時就可以跟著媽媽行走甚至奔跑，而人類孩子出生一年才能勉強站起來？《人類大歷史》（*Sapiens: A Brief History of Humankind*）作者提出，所有人類都是「早產兒」的概念[8]。大意是說：隨著演化，女性的產道變得狹窄，而嬰兒的頭顱又無比巨大。假如讓嬰兒在媽媽肚子裡發育完全，達到出生就能站立甚至行走的程度，孩子就無法從產道裡產出。因此，孩子必須提早出生。這意味著人類的新生兒是地球上所有生物中最不成熟的，雖然他已經誕生，但需要在媽媽體外完成本應該在體內完成的成長過程。因此，人類需要經過最長的哺乳期，經過父母，特別是母親的精心照料和持久陪伴才能健康長大。

不同成長環境造就的「四種心理地位」

前面所說的和「人生腳本」有什麼關聯呢？正因為我們剛出生時非常弱小和無助，因此需要完全依賴母親和其他大人為我們提供食物和溫暖、移動身體並清理排泄物。作為嬰兒，我們需要做的就是完全享受這段美好的時光，全然接受大人的保護和照顧，吃了睡、睡了吃。不舒服就哭，然後就會有人幫我們搞定一切。

假如父母和家人特別愛這個孩子，帶著滿滿愛意充分滿足他的需求，那麼，這個孩子在他人生腳本的第一幕，就會寫下非常積極的劇情。在內心深處，他會覺得自己是安全的、有價值的、值得被愛的；他對周圍的環境也會產生積極的預期，相信身邊的人是可以提供保護的、支持的、友善的、樂於給他幫助的。用腳本的語言來說，他會形成「我好－你也好」的心理地位。這其實是贏家腳本的根本。

從這種心理地位長大的孩子，**他們相信自己是好的，所以會發自內心喜歡自己、認同自己的價值；同時，他們相信其他人也是好的，因此也會真心喜歡他人、認同他人的價值**。他們不會把自己人生的成敗感受，建立在戰勝他人的基礎上，也不會因為與別人比較而產生焦慮。因為他們相信自己是獨特的，同時也相信別人是獨特的。處理或解決問題時，他們不會顧此失彼，而是會兼顧彼此的需要、尋求雙方的滿足。因此，他們總是能擁有良好的關係、和諧的解決問題，也能夠贏得他人的尊重、喜愛與合作。

遺憾的是，我們每個人的成長環境可能並沒有那麼完美。我們出生時，媽媽也許因為喚醒了自己的創傷，而沉浸在不良的情緒裡；父母也許因為生計問題，不得不將我們託付給其他人照顧；或者他們因為剛升級為父母，而面對巨大的壓力，因此經常發生爭吵等等。總之，我們可能沒辦法得到那麼充分、那麼充滿愛意的照顧與享受。這種情況下，隨著我們長大，就可能形成其他三種不健康的心理地位：

- **「我不好－你好」：這是自卑的心理地位。**基於這種心理地位的人生腳本，基本主線是憂鬱、不得志、自己很可憐。
- **「我好－你不好」：這是自負的心理地位。**基於這種心理地位的人生腳本，基本主線是自以為是的高高在上，以及對他人的憤怒和失望（因此總是想擺脫他人）。
- **「我不好－你不好」：這是絕望的心理地位。**基於這種心理地位的人生腳本，可以概括為一句流行用語「人間不值得」*，認為一切都沒有意義、非常灰暗。

你覺得自己的心理地位是四種中的哪一種呢？積極的、令人滿足的贏家腳本一定是

建立在「我好－你也好」的心理地位之上。

滋養的童年環境，才能養成「存在的力量」

如果你在出生的頭兩年，特別是前半年，擁有媽媽和家人非常美好的愛與照顧。非常祝賀你！你在這種滋養的環境裡會發展出「存在的力量」，意思是我的生命本身就是有價值的，我是值得存在的，我是值得被照顧、被愛的，我的需求是可以滿足的。「存在的力量」是建立並維持「我好－你也好」的心理地位基礎。

擁有「存在的力量」的人，特點是發自內心相信自己的價值與生存的權利，允許自己享受生活、享受休息，能夠自然的尋求他人照顧與幫助。反之，沒有充分發展出「存在的力量」的人，會時常懷疑自己的價值、不允許自己休息或享受，或感覺自己不值得，但同時又覺得自己很可憐、很疲憊，無人依靠。嚴重時，甚至會考慮結束自己的生

＊ 來自中國脫口秀演員李誕的微博，原句為：「開心點朋友們，人間不值得。」原本的意思是為了安慰難過的人：「看開一點，人間不值得這麼絕望難過。」但現已經被解讀為：「活在這個人間，真的太不值得。」

命。

假如在生命早期沒有那麼美好的成長經歷，沒有充分發展出「存在的力量」，從而沒有牢固的「我好－你也好」的基礎，那麼，時光已逝，一切都成為不可改變的遺憾了嗎？當然不是！

重啟能力有兩條路線[9]：

第一條是「自然重啟」，以十三或十九年為一個循環。這意味著按照自然發展的規律，人們除了在剛出生的前半年外，還分別會在滿十三歲或十九歲後的半年，滿二十六歲或三十八歲後的半年，滿三十九歲或五十七歲、滿五十二歲或七十六歲後的半年等等，重新進入發展「存在的力量」的階段[10]。

另一條路線是「外部事件引發的重啟」。例如，在疲憊、生病、受傷，面對很大的壓力，進入新工作或新關係，或失去重要的東西或愛人（比如，分手、離職、家人或寵物死亡等等）時，人們會停止做事、停止思考，只想「存在」。此時，他們會想吃得更多、睡得更多、口腔敏感、思考困難、注意力難以集中。他們想被撫摸和照顧，想和他人建立強烈的情感連結，想因為自己的存在而獲得認可，而不是因為自己的行為表現。如果此時，他們能夠因為「自己就是自己」而被認可、被照顧、被滋養、被接觸，能夠與身邊重要的人建立起積極的情感連結，就有可能重新發展出「存在的力量」。

如何允許自己慢下來、修整、重啟「存在」的力量

接下來，請你將思緒拉回自己的生活，仔細體會現在的你或曾經某個階段的你，是否有過以下感受：

□不想做事、不想思考，只想吃飯、睡覺、休息。
□感覺自己的情感都用完了，對什麼事情都提不起興趣。
□感覺口腔敏感，總想吃一些好吃的東西。
□感覺無助，不知道是否可以信任他人。
□不知道自己的各種需求是否可以得到滿足。

如果你對其中多數項目回答了「是」，就提醒當下的你或那個時段的你，進入重啟「存在的力量」階段。此時，你需要做的事可以包括：

・停下手頭上的事，給自己一段不受打擾、完全放鬆或休息的時間，哪怕只有幾個

小時。

・感覺睏了就上床休息，增長睡眠，最好可以睡到自然醒，中午也可以增加一次休息時間。

・停止對飲食的嚴格控制，覺得什麼好吃就可以多吃一點。

・請你的伴侶、家人、好友甚至寵物，用你喜歡的方式給你真心的擁抱，也可以請他們親親你的眼睛、摸摸你的頭髮和後背，揪揪你的耳朵等等，總之就是可以讓你產生心中溫暖、腹部放鬆、背部受到支持的感受。

・讓你的伴侶、家人或好友請你出去吃一餐，並事先說好這次由對方付帳單，自己完全享受被照顧的感覺。

・安排身體按摩，最好是溫柔的水療，而不是猛烈的推拿，體驗身體被舒適接觸的感覺。

・對自己保持寬容、溫暖、支持與慈悲。

如果你能夠意識到具有「重啟存在」這個階段，並能夠順應心理發展規律，滿足自己的需要，不僅可以幫助自己重獲「存在的力量」，回歸「我好－你也好」的心理地位，還能夠像冬天的樹木一樣，蓄積能量，等待春天到來時蓬勃生長，在下一個發展階段全力以赴。如果你看不到這個階段的存在和重要性，也不順應這個發展階段的規律，就會不斷消耗自己，陷入愈來愈多困境，在疲憊中愈來愈憂鬱，愈來愈缺失價值感、意義感、享受感和支持感，不斷強化不健康的心理地位。

案例7 為什麼進入了滿意的大學，學業卻每況愈下？

一位學生小陸，經過刻苦努力終於考上了滿意的大學。進入大學後，雄心勃勃的他不僅選擇了該校難度很高的課程，同時，還在準備雙主修。艱難的課程、看不完的文獻讓他非常吃力。可是偏偏這時，身邊卻有一些同學看起來學得那麼輕鬆，於是他開始懷疑自己。對於他的學業，父母的要求向來很嚴格，會因為他表現不理想而嚴厲斥責他。幾個學期下來，他的等第績分平均（GPA）*成績愈來愈低，也有某些學分被當掉。國高中時，他是學校中的佼佼者、是

* 多數大學、高等教育學院採取的評估學生成績制度。

父母朋友眼中「別人家的孩子」，他無法接受自己的現狀，覺得無法面對父母。他開始批評自己不夠努力，並開始逼迫自己熬夜念書。睡眠不好導致他的精神狀態更糟糕，之後又進一步導致他更否定自己，學業愈來愈跟不上，最後許多學分不及格、心態崩潰，不得不休學。

案例8 為什麼總是不斷要求自己努力再努力？

容容是一位十分忙碌的媽媽，在孩子出生後扮演著十餘種角色。在工作中，她是下屬、是主管，也是同事的合作者；在家中，她是孩子的母親、父母的女兒、愛人的伴侶、寵物的主人，此外還承擔著家庭外交官的角色，與其他孩子的父母保持聯絡；承擔家族關係協調者的角色，記得每個人的生日，並送上生日祝福；還有家庭活動策劃人的角色，負責安排寒假和暑假旅行；還有家庭中的採買者、家庭室內裝潢師等等。她像陀螺一樣轉個不停，滿足所有角色的要求。容容從小到大都是十分堅強的人，默默承擔和忍受著家庭和生活中的一切。生完孩子後，她也忙碌個不停，完全忽略了自己需要休息和被照顧，在面對很大

的壓力或遇到不順時，也不允許自己停下來，而是不斷要求自己繼續、再繼續，努力、再努力。最終她情緒崩潰，對身邊的人充滿憤怒，責怪家人或同事不為她著想和分擔，心中充滿委屈。

案例中的小陸同學以及媽媽容容，小時候都沒有因為自己的「存在」而獲得足夠的照顧和認可，他們總是不斷響應外界環境的要求。當他們因為個人角色變化而面臨巨大的壓力、身心疲憊時，本來需要回歸「存在的階段」，停下來休整並重新累積能量。但非常遺憾，他們都沒有意識到這個階段的重要性，相反還不斷逼迫自己做得更多，最終導致內心世界崩塌。後來，小陸休學一年，允許自己停下來放鬆休息和玩耍，並找到自己在學校中的新定位；家人也從關注他的學業表現轉換到關注他本身。之後，他順利恢復學業，並成功錄取研究所。容容也開始允許自己慢下來，邀請家人和同事分擔工作，並每週幫自己安排了與丈夫的休閒時間以及自己的按摩時間。慢慢的，她恢復了良好的狀態。雖然仍有各種壓力與挑戰，但她能掌握好工作和休息的節奏、在必要時求助，整體感覺自己很充實，也很有成就感。

練習 1

鏈接嬰兒期的我，重啟「存在的力量」

現在，你了解重啟「存在的力量」的重要性和方法了嗎？你是否覺得自己在嬰兒期獲得了足夠的「存在的力量」呢？接下來，我邀請你完成本章練習「鏈接嬰兒期的我」。

步驟1 反思自己的心理地位，找到自己最常處於的心理地位。是健康的「我好-你也好」，還是不健康的「我好-你不好」、「我不好-你好」或「我不好-你不好」。也許，在不同的時間和場景下，你的心理地位會有所不同。但會有一種更主要的心理地位。

步驟2 認可自己的存在、滿足自己的需求、強化「我是好的、我是有價值的」信念。你可以用一個玩偶、一個枕頭，或一個靠墊代表剛出生的自己。把它抱在懷裡、閉起眼睛，想像它就是剛出生的你。對懷中的自己說：「你很可愛，我會好好照顧和滿足你的

需求。」如果可以，找一張你小時候的照片，與曾經的自己建立連結。

步驟3 從現在開始到下一章前，完成一件照顧自己身體感受的事情。可以是睡個長覺、預約一次按摩、替自己買一樣好吃的東西，也可以是聽一會兒放鬆的音樂等。

練習完成後，你可以記錄或反思自己的感受。請注意，我在本書邀請你做的僅是重啟「存在的力量」的第一步，你在日常生活中需要更多練習。如果你感到自己的存在力非常微薄，可以透過專業的心理諮商和治療工作為自己找到更適切的療癒方案，例如尋找並釋放一直被壓抑的情緒，與身體建立深度連結，與專業工作者建立情感紐帶，從而學會與他人建立親密關係，治癒自己受傷的「兒童自我」等等。

學員分享 **李聲慢：**

重啓存在的力量，我特別喜歡這堂課的主題。回憶兒時自己的心理地位時，我發覺自己常常會冒出這樣的想法：我不漂亮、不聰明、不可愛，漸漸演變成了我不配、我不行、我不夠好等等。所以從小到大，我一直會比較在意他人的感受並小心翼翼的照顧身邊人的想法，也會把身邊人的情緒變化都歸結成自己的責任。父母意見不合而爭吵，一定是我成績不夠好讓他們心煩。父親工作不順利，一定是我表現不夠好，讓他分心。奶奶和媽媽意見不合，一定是我不夠乖，讓她們不高興。結合今天的課程，我發現最初這段記憶的腳本底色應該是「你好－我不好」。

學員分享 Karina：

想像著自己嬰兒時的樣子，我抱著自己，嘴角會不自覺的上揚！心裡充滿濃濃的、暖暖的愛。我對自己說「你很可愛，我會一直愛著你、照顧你和你的需要」。我真的覺得心要被融化了。這份愛的力量被呼喚出來，我覺得可以依靠它戰勝生活上的所有困難，變得勇敢。我打算把它變成一個新習慣，可以每天提醒自己「我有一份力量一直支持我去成長」。最近，我每天都會為自己買一杯苦瓜檸檬茶。這彷彿成了我的安慰食物。我從小就喜歡吃苦瓜，因為我覺得能吃「苦」的孩子太少了，我這麼做會很酷、很特別，哈哈。現在的年輕人居然跟我思想同步，還發明了這種飲料，我喝著它除了是在回味我與眾不同的品味，也可以清熱消暑。每天下

午看到這杯茶，我覺得工作也會變得愉快。彷彿是陪伴我打拚的夥伴，不再寂寞了。

Chapter 7

為什麼我的人生執念，總是讓我錯失良機

改寫人生腳本的第二步，重啟「行動力」

當累積了足夠多的「存在力」後，這股力量就會推動我們朝「行動」發展。就像動物經歷了冬眠，樹木經歷了冬季，人經過了夜晚充分的休息。接下來，破土而出、動起來的時候到了！

首先，我們來做一個小測試，看看你的行動力發展得怎麼樣。

以下有五個題目，請判斷這些題目與你的契合程度。你與這五個題目符合的數量愈多、程度愈高，代表你行動力愈弱，而你愈需要啟動這種力量。你可以在心裡評定自己：

□你是否覺得自己想再多做一些事情，但往往又沒有做。

□你是否覺得自己應該立刻行動，但又坐在那裡看電腦、滑手機等等，一直拖著。

□你是否覺得自己的生活總是局限在一個範圍裡，有些單調枯燥，但又沒有打破。
□你是否很難根據自己的興趣或好奇心直接採取行動，總是瞻前顧後，猶豫不決。
□你是否很難產生衝動，做出一些打破常規的事。

透過這個測驗，你覺得自己的行動力還不錯，還是發現自己條條中招了呢？

童年沒有發展好的行動力，造成想得多、做得少

網路上有個流行語叫「積極廢人」，指那些特別喜歡給自己「立flag」，但總是做不到的人。他們在生活上表現出非常積極的態度，想法也非常豐富，善於給自己制定很多目標和計畫，但在行動上卻停滯不前，很難落實自己的想法。簡單來說，就是想得多做得少，是思想上的巨人，行動上的矮子。為什麼會這樣呢？

其實，我們的行動力從很小的時候就開始發展了。這個時期大約是半歲到一歲半。這也是我們人生中具有「跨時代」意義的時期，因為隨著長大，我們不再需要依賴大人幫助我們移動身體，而是逐漸學會了爬行、站立、行走，意味著我們可以獨立探索周邊

的世界。

這個時期的孩子充滿了好奇心和探索欲，他們用自己的手、腳和嘴巴認識這個世界。所以在這個階段的孩子身上，你可以看到一個非常有趣的現象：無論他拿到什麼，都會放到嘴巴裡嘗一嘗，無論是玩具、抹布、襪子，還是貓狗的尾巴……這個時候的我們不缺乏行動力，只要有好奇心，就會立刻行動、立刻探索。正因為如此，這個階段成為我們成長過程中非常危險的階段，需要大人時刻看顧，從而避免我們從床上摔下來、打翻熱水、手被門縫夾到、用手指摳電源插口等等。

因為有太多潛在的危險，因此大人會用很多方式來保護我們。比較理想的情況是——大人把這些危險都排除掉。例如：讓孩子睡在低矮的床上，床邊鋪滿軟墊，這樣掉下來也不會摔傷；把孩子能夠接觸到的電源插口封住，排除觸電危險；把很尖、很硬的桌角、桌邊包上海綿，這樣即使孩子摔倒也不會碰傷……**大人把生活環境處理成對學步兒愈友好的環境，孩子就愈不會受到約束，愈可以自由探索，從而促進行動力的發展。**

但是如果大人沒有改善環境，而是基於保護孩子「不鼓勵」甚至「限制」孩子探索，那麼，孩子就會受到阻礙，無法發展出適當的行動力。例如，有些大人很忙，無法時時刻刻照顧孩子，就把孩子用被子裹起來放在床上，避免他亂爬掉下去；或者有些大人總是背著或抱著孩子做事情，不允許孩子自由的爬來爬去或走來走去。

前面我們提過有些人經常想得多、做得少，其實與此有很大的關聯。當一個孩子的行動力沒有發展好，並且在這樣的情況下進到下一個發展階段，也就是「思考的階段」，而思考力又發展得比較好時，就會導致「想得多、做得少」的情況。

父母的鼓勵與訓斥，如何影響孩子的行動力發展

你知道自己在半歲到一歲半這個階段的成長情況嗎？可以問問父母，也可以想像一幅畫面：當你是一個會爬、會走的孩子時，父母或其他照顧你的家人，會做出怎樣的反應呢？他們是會帶著微笑與興奮的表情，鼓勵你在好奇心的激發下去探索和行動；還是會帶著擔憂、冷漠甚或訓斥的表情阻礙你呢？如果你覺得他們更希望你保持不動、保證安全，而不是東摸西爬，做出危險的舉動，那麼你最初的行動力就有可能受到阻礙。長大後，在行動方面，你就可能表現出害怕麻煩、顧慮危險、高估困難和不敢冒險的情況。

案例9 明明遇到了升遷機會，為什麼卻總是說服自己放棄？

小凡是一位年輕女性，畢業後在一家公司工作了一段時間，表現很不錯。公司有晉升主管的機會，符合條件的員工都可以申請，她也在其中。她其實很希望自己有機會升遷，但還要準備不少申請資料，於是她開始想：準備這些資料太麻煩了；自己的經驗可能還不太夠，被選上的機會也不高；就算選上了，萬一做不好怎麼辦，其他人能「服」自己嗎？……想來想去，她對自己說，我還沒什麼管理能力，先學一學這方面的知識再說吧。最終，她放棄了這個機會。但公司公布結果時，她發現最終晉升的人選，其實和她的經驗和資歷差不多。

案例中的小凡，採取行動前都會思前想後，而非憑藉內心的衝動一鼓作氣。這樣的表現雖然可以體現她深思熟慮的優勢，但她經常在左顧右盼中錯失良機，讓她相當懊惱。錯失一次機會，不一定會對人生產生絕對的影響，但如果每次都錯失機會，人生一定會走入困局。如果不能重啟行動力，她就會反覆在冒險面前猶豫不決，很難向前一

步。

成年後的我們，該如何重啟「行動力」

透過上述討論，如果你發現自己的行動力不足，請停止責怪自己，而是看到缺乏行動力背後的原因。當下的重點是「如何重啟行動力」。

上一章我們說過，根據潘蜜拉・萊文的循環發展理論，我們有兩條路線可以重啟每一種能力。第一條路線是自然重啟，指的是除了半歲至一歲半這個時期，每十三年或十九年為一個循環，我們會再次發展行動力。因此，如果你的年齡在十三歲半或十九歲半，二十六歲半或者三十八歲半，三十九歲半或五十七歲半，五十二歲半或七十六歲半等等[11]，接下來的一年，你就需要格外注意「滿足自己採取行動」的需求。另一條路線是由外部事件激發的重啟，例如當你需要學習一項新技能（如英語、舞蹈或管理），或者你已經在某方面有了一定累積，周圍環境即將給你一次機會，讓你獨立完成一項重要工作時（比如獨立策畫一次活動或獨立講一次課），你就會產生行動的需求。如果你抓住了時機，滿足了自己採取行動的需要，就能大力恢復和提升自己的行動力。

總體來說，當你有以下感覺時，就是提升行動力的好時機：

時機1 感覺自己不再想透過思考或書本獲得知識或滿足，而是想透過直接行動和行動的結果來學習。

時機2 即使目標不那麼清楚，但感覺自己總想做些什麼。

時機3 感覺自己有強烈的好奇心，想站起來走動，去看、去聽、去聞、去嘗、去摸各式各樣的東西。

時機4 想跟隨自己的衝動做事，不想受到限制。

時機5 想參與多種多樣的活動，用雙腳到不同地方留下足跡。

上述感受提示你需要動起來，重啟自己的行動力。另外，當你身處新環境或者已經接受照顧和撫育一段時間後，也是發展行動力的好時機。這時，我們要做的是跟著感覺去行動，而不是壓抑直覺與衝動。以下三種做法，能夠有效提升行動力：

❶ 重視行動本身，降低對結果的要求

很多年前，我參加過一個女性領導力課程。主講者其實是在講兩性差異，但非常啟

發當時的我的行動力。她說女性做事偏保守，至少有百分之八、九十的把握時，才會行動；而男性則更傾向於冒險，只有百分之六十甚至百分之五十的把握時，就會去做。她的評論讓我看到當時的自己在做事情之前有多少顧慮——做不好怎麼辦，讓別人失望怎麼辦，丟臉怎麼辦……因為對結果總是有太多顧慮，所以很難採取行動。例如，當時有人邀請我去講課，只要沒有絕對的把握，我都會拒絕。假如很多事情都要等自己完全有把握再去做，可想而知，就很難嘗試新鮮事物、很難擴展自己。**不嘗試、不冒險，就很難累積經驗；沒有累積經驗，就很難獲得渴望的成就**。然後就會陷在「不滿意，不行動；不行動，更不滿意」的圈子裡。從那次講座開始，我改變了行動策略。每當有人邀請我做事，如果我也感興趣，就會問自己：這件事，我是不是一定做不好？答案只要是否定的，也就是說，只要我確定自己不是必定失敗，就會去做。自此以後，我感覺自己的行動力至少提升了五倍，累積的經驗也在大幅增長。

❷ 停止連鎖式思考，先邁出第一步！

很多時候，不是事情太難阻礙了我們採取行動，而是我們的「思考」把事情想得太難，從而阻礙我們採取行動。例如，有人說：「我為什麼總是很難早睡呢？因為一想到睡覺，我就想到自己要站起來去洗臉、刷牙、鋪床、餵貓、鏟屎……就覺得好累啊，現在坐在這裡滑手機多輕鬆！哎！可是拖來拖去，這些事還是得做，最後還搞得自己很晚睡，非常自責。」這種情況下，他要做的是整理好自己的睡覺流程，例如放下手機↓起來餵貓、鏟屎↓洗臉、刷牙↓鋪床睡覺。時間到了，他就要停止一連串的思考，開始第一個行動。之後，一系列的行動就會自動化進行下去。就像演員張鈞甯，她很喜歡跑步，在一次採訪中，記者問她：「妳這麼愛運動，怎麼勸那些還在猶豫今天要不要運動的人呢？」她說：「在你猶豫的時候，先穿上跑鞋下樓，這樣，你可能還沒有想好是不是要運動，就已經跑完回來了。」

❸不要逼自己做所謂「應該」做的事，而是問自己：「我想做什麼有意思的事？」

在我教書和諮商的經歷裡，遇過很多缺乏行動力的人。我經常會問他們一個問題：「這件事是你『渴望』去做的，還是你覺得自己『應該』做的？」他們給我的回答總是：「我覺得是我『應該』做的。」很多人之所以拖延，是因為他們要做的並不是自己真正感興趣、真正認同的事，而是認為自己理應去做的事。換句話說，其實是別人要求

他們做的事。我們前面說過，小時候的我們完全不會拖延或缺乏行動力，那時我們想要的是即刻滿足：如果一個東西好吃，我們就希望立刻吃到；如果一個玩具好玩，就希望立刻去買；如果想到院子裡，就會一溜煙的跑出去。那時的我們為什麼行動如此迅速？是因為我們的內心還被興趣與好奇驅使。可長大後，我們做事不再遵從內心「有趣」或「有意思」的感覺，而是被「要求」填滿，逼迫自己去做應該做但內心又覺得沒意思的事情。**重啟行動力，也是在重新喚醒我們的興趣與好奇。只有當你真的感受到某件事有意思或有意義時，才能從內部點燃並激發行動力。**

十幾年前，我在香港讀博士。最後一年，我一邊寫博士論文一邊發表文章，整段過程非常痛苦。我全部的工作就是寫寫寫，我覺得自己與真實世界脫離了，寫的內容也總是被老師否定，學業和生活非常困苦，一點意思也沒有。我感覺自己陷入了困境。後來我問自己：「現在，做什麼會讓我覺得有意思、有意義呢？」於是，我想到去動物保護協會做志工，一來是我喜歡動物，二來是可以為社會做出一些貢獻。於是我申請到「香港愛護動物協會」擔任義工，每週轉兩次火車去為小貓小狗打掃籠舍，非常有趣。在這段過程中，我的生活動力感和意義感又回來了。同時，在來回三個多小時的通勤路途中，不一樣的風景打開了我不一樣的思考模式，最終我完成了優異的論文，還拿到了非常寶貴的香港中文大學研究生研究成果獎。

練習 2

從生活中的小事，展開你的「好奇心之旅」

讀完這一章，你是否大致評估了自己的行動力？知道何時以及怎樣提升行動力了嗎？在此，我邀請你做的練習名為「好奇心之旅」。

步驟1 請想一件你一直想做，但還沒有做的小事。注意，這件事要足夠小，例如，去一家餐廳吃飯、發訊息給某位朋友，或者練習一次瑜伽等等。只有足夠小，才更有可能完成。

步驟2 鼓勵自己不要顧慮結果，「嘗試」本身最重要。然後，在近幾天找一個時間完成。

完成後，請記下你完成時的感覺並反思整個過程，想想你從中發現或學到了什麼。

以下是一些學員的分享。請注意，「行動的力量」建立在「存在的力量」的基礎上。如果你發覺自己無法像以下學員那樣積極行動，而是依然有很多糾結、掙扎的感受，請先回到上一個階段，積累足夠多的存在力後再來嘗試。

學員分享 Karina：

這堂課給我很多啓發。因為我看到了一線曙光，有種躍躍欲試找突破口的心情！如果按照老師的說法——有想要行動的衝動——這簡直就是我重啓的機會。

我做了五道題目，看到自己的行動力很一般，也回顧了過往的成長。明白我在升遷路上的挫折，有一部分責任要落到我「不敢行動」的心態上，想想都為自己覺得可惜！

正因為這樣，我有強烈的想法去改變自己。行動計畫如下：

❶態度比能力更重要。從今天開始，不要總覺得資源都到位、萬事俱備才能行動。只要問自己一句：「這件事我一定會失敗嗎？」如果回答：「否。」就放馬去跑。不管是管理團隊還是個人發展上都應該如此。

❷開始連鎖思考的時候，立刻停止。直接開幹！今天早上我看到書桌上三個月沒碰過的

一堆手作材料，覺察到我又開始連鎖思考了：沒計畫好要如何保存這些材料，必須先找個最合適的儲存空間，要重新整理抽屜，要上班了沒時間弄……我立刻對自己喊「停」！不管怎樣，先撿起一般的材料、打開抽屜看哪裡最適合放。很快我就發現了地方擺放。僅僅三分鐘的時間，我就解決了問題，連帶解決了上述的連鎖思考。這個練習讓我滿有成就感的。

學員分享　李聲慢：

我一直想和爸爸輕鬆聊一次天，沒什麼固定的事件，就只是很輕鬆、簡短的說說話，哪怕靜靜看著對方笑也很好。但離開家之後，每一次溝通都像在打仗，最終不是他滔滔不絕的讓我想逃離，就是我管不住自己的情緒開始大聲控訴。總之，每次跟爸爸通電話都會讓我感到很有壓力、很想逃避。

既然不用顧慮結果，只為嘗試而來，我不給自己後悔的機會，也刻意停止了無用的思考，直接撥通了電話，老爸很快就接起來了。很幸運，這一次他在吃飯，所以大部分時候都是我在說，他在聽。讓我驚訝的是，爸爸不再強行讓自己高高在上抵擋一切，他適時的表達對我的關心，也適當的透露他當前生活裡遇到的困難，甚至在我表達安慰的時候，他欣然點頭接受，也很信任的說：「有道理，以後我就不糾結了。」

在沒有刻意計畫之後，我如願以償收穫一通「理想的父女溝通」。爸爸願意傾聽、願意傾訴、願意表達和接受我的建議。爸爸不再刻意偽裝強壯，拒絕一切照料和關心，他開始變得柔軟，像是打開了一扇門，我們可以輕鬆簡單的擁抱，相互關懷。我很開心自己做了這個嘗試，也很高興自己沒有讓顧慮和無用的思考阻礙這個行動。

Chapter 8

乖乖聽話，卻讓我對人生感到困惑

改寫人生腳本的第三步，重啟「思考力」

「師傅，大師兄說得對」、「大師兄，二師兄說得對」、「大師兄，師傅被妖怪抓走了」、「二師兄，師傅被妖怪抓走了」……這些話大家應該都聽過，它是新版《西遊記》熱播時，網路上流傳惡搞沙悟淨的話。聽到這幾句臺詞，人們常常會笑出來。毫無疑問，電視劇中的沙悟淨腳踏實地、任勞任怨、默默付出，有很多優點。那麼，人們為什麼還要笑呢？簡單來說，是因為這幾句臺詞勾畫出一個喜歡附和和服從、缺乏鮮明個性和主張的人物形象。與敢說敢做、充分表達喜怒哀樂的孫悟空相比，以及與呆萌可愛、無所顧忌追求七情六欲的豬八戒相比，光彩顯得暗淡許多。如果你聽到這些臺詞也會笑，那麼，你有沒有想過，在現實生活中，你與沙悟淨的表現究竟有多少不同呢？

當別人詢問你對一些當紅問題的看法時，你的腦袋是一片空白，不知該說什麼好，還是可以立刻闡述自己的若干想法？

當上司讓你就某項工作提出想法和建議時，你是支支吾吾答不上來，還是可以頭頭是道的說出幾項主張？

別人對你說了一些不禮貌的話，或者將一些不合理的工作推到你身上時，你是明明很生氣但不知道如何反駁或拒絕，還是可以乾脆的反擊和表達拒絕？

你可以試著回想一下：「這些場景裡，自己的表現如何？」如果你的各項答案傾向於後者，就表示你已經擁有足夠強大的思考力量，但如果你的答案更傾向於前者，就表示你需要重啟自己的「思考力」。**擁有「思考的力量」讓你在工作和生活中既能有效表達贊同，也能有效表達反對。**在外界環境對我們的各種影響和左右中，如果想保持清醒、維持自己對人生的主導權，就需要擁有思考的力量。

叛逆，是孩子發展獨立思考的第一個方法

我們的思考力是怎麼發展的？它開始的時間其實也很早：一歲左右，我們有能力離開媽媽、獨立探索，這個時期的我們也逐漸發展出獨立的人格。雖然我們在生活上還完

全依賴父母照顧，但我們開始學會區分「我的」和「你的」，認識到我們與父母是不同的個體。**孩子如何區分我和你，感受到自己和父母是不同的人呢？方法之一就是「叛逆」**！沒錯，人們常常以為叛逆是青春期才做的事，但其實並非如此。我們的第一個叛逆期發生在兩歲左右，那時，「不」是孩子們的口頭禪。「不要！」「不行！」是孩子們對父母的各項提議做出的第一反應。「穿衣服吧！」「不穿！」；「吃飯吧！」「不吃！」；「出門吧！」「不去！」總之，就是父母要他們做什麼，他們就不做什麼，脾氣還很糟。和他們有種有理說不清的感覺！所以，在心理學上有種說法叫作「可怕的兩歲」。

叛逆，對孩子發展獨立人格和思考模式來說，究竟有多重要呢？我們可以反過來思考一下：假如孩子從來都不說「不」，相信父母所說的一切、服從父母要求的一切，意味著什麼呢？這意味著孩子的身體雖然誕生了，但他的思考模式和精神還沒有真正誕生；意味著他沒有從與父母的關係中分化出來，成為獨立的「我」，處於被吞噬的狀態。如果孩子不會說「不」，只會順服，將會非常可怕。他將成為父母的「木偶」，喪失真正的自己。笛卡爾（René Descartes）提出「我思故我在」，我不思，那我還存在嗎？

近些年，「媽寶男」和「媽寶女」受到人們熱議，他們的典型特徵是：什麼事都和媽媽說，常常把媽媽說了什麼掛在嘴邊，重要的事情都要媽媽做決定。這其實就是孩子對母親過度順從，沒有完成分化的表現。因此，**叛逆對於我們成為自己的主人，具有非常重大的意義。**

但由於很多父母缺乏心理學知識，在本應該為孩子的叛逆感到高興的時期，卻把叛逆視為不聽話、進而打壓。如果孩子的叛逆和壞脾氣不能被巧妙化解和恰當的鼓勵，長大後，他們就很難建立獨立性，在潛意識裡害怕斥責、否定與衝突，很難形成鮮明的個人想法，也很難獨立思考以解決問題。相反的，他們常常會表現得唯唯諾諾，有不同意見但不敢表達，總是喜歡隨波逐流，權威、長輩、主管說什麼就怎麼做，失去了用自己的眼睛去觀察、用自己的頭腦去加工判斷、用自己的嘴去表達自己的心的能力。如果失去了獨立的思考與判斷，又何談書寫令自己滿意的腳本呢？他只能活在別人的思想裡、活在別人的想法為他建構的世界裡。

案例10 為什麼我一直不知道自己想要什麼樣的生活？

小玉是從小到大都很優秀的女士。她一直是同學、老師眼中的好學生，成績總是名列前茅，畢業後到公家機關工作，令很多人羨慕不已，可是她自己卻總是充滿困惑。雖然已經接近三十而立的年齡，她依舊想不清楚：「我要一直在公家機構工作嗎，還是要到民間企業？」「我要一直待在這個城市發展嗎，還是換個城市？」「我要不要去考個博士？」「我要不要換個領域？」「我要找什麼樣的伴侶？」「我要不要生孩子？」……在別人看來，她似乎一直都有很清楚的目標，可是在她自己看來，她一直對自己到底要過怎麼樣的生活，充滿了困惑。

案例中的小玉，父母本身都有很不錯的工作和收入，他們也一直很關心小玉，希望她過上「成功、幸福」的生活，所以常常會告誡她「應該」選什麼才是對的。小時候，如果她聽從了媽媽的建議，並得到了好的結果，媽媽就會強調：「妳看，聽我們的沒錯吧！」但如果她自己做了選擇，並發生了不好的結果，媽媽就會大發脾氣並強調：「妳看，照妳說的做就是不行吧！」長此以往，她對自己的想法和選擇愈來愈沒有自信，甚至覺得自己不具備做出「好」選擇的能力。有時，她也會反抗父母的意見，但是這種反抗非常短暫與表面。雖然嘴上表示抵抗，但心裡卻不相信自己，覺得父母說的才是對的。她沒有發展出獨立思考的能力，所以才總是充滿困惑。她的父母雖然很愛她，但是非常遺憾，他們在不知不覺中奪走了她的「思考的力量」。

找回「我」的想法，抓住重啟思考的時機

那麼，在什麼情況下，是重啟「思考的力量」的好時機呢？從自然發展的角度講，當年齡是十四的倍數時[12]，是重啟思考力的時期。另外，一些外部事件也會激發我們重啟「思考的力量」。例如，當生活中需要結束一些重要的依賴關係時（比如離開工作多年的公司；和戀人、伴侶分手；從學校畢業，結束和導師的關係），告別這份舊關係會帶給你很多壓力，但同時也給了你拿回自己的思考力的機會：我想要的是什麼、未來我要追求什麼、我想發展怎樣的關係等等。再比如，在開始學習新知識、新資訊時，你可以重新審視「自己的想法」是什麼：這些新知識，我認同嗎？適合我嗎？在什麼方面我有不同意見嗎？唯有你能夠認同，也能夠反對，才能發展出自己的觀點和立場。還有，在你需要簽署或更改一份合約時，你需要仔細思考這份合約符合自己的利益嗎，還是會損害自己

的利益？自己需要付出什麼，又會得到什麼？這也提供了機會，讓你拿回思考的力量。

總體來說，**當你覺得自己很想明確「我」的想法、「我」的需求、「我」的位置，或者當你感到憤怒、抵抗、故意作對、健忘、倔強、拖延或格外重視某方面時，都提示此時是你重啟思考力的時期。**不要很快給出「我不知道」、「我不確定」、「我不擅長」等否定自己思考力的結論。停下來，運用自己的思考，拿回自己的力量吧！

成年後的我們，該如何重啟「思考力」

那麼，我們可以如何發展自己的思考力呢？總體來說，需要做三方面事情。

❶喚醒內心那個敢於反抗、機敏的自己，點亮清明的頭腦和眼睛，而不是活在外界的聲音中

腳本理論創始人伯恩曾用「火星人的思考」描述孩子最初思考和感受世界的方式。意思是，作為孩子，我們都有自己觀察世界的獨特視角，就像火星人來到地球，他們不會理會地球人提供的各種數據和表格，而是會用自己的眼睛去觀察和理解。

他在《溝通分析心理學2【人生腳本】》[13]一書中，用火星人的思考分析了〈小紅帽〉的故事，非常有趣！我們可以從中感受什麼是喚醒敢於反抗、機敏的自己，點亮清明的頭腦和眼睛。

〈小紅帽〉這個故事大家都非常熟悉，大意是說：小紅帽的外婆住在森林深處，媽媽要小紅帽送食物給外婆。小紅帽獨自穿過森林，途中遇到了大野狼。大野狼詢問小紅帽要去做什麼，並引導小紅帽不要去送食物改為去採花。之後，小紅帽去採花，大野狼跑到外婆家吃掉了外婆，還假扮成外婆的樣子躺在床上。小紅帽到達後，發現外婆有些異樣。外婆說自己感冒了，並要小紅帽到床上來。小紅帽雖然覺得很奇怪，但還是過去了，然後被大野狼吃掉了。最後，獵人來了，打死了大野狼、救出小紅帽和外婆。

大人講這個故事給孩子聽時，通常是為了告誡孩子注意安全，不要和陌生人說話。然而，如果我們用火星人的思考模式，就會看到完全不同的故事：是什麼樣的媽媽，會讓小女孩獨自進入有大野狼的森林呢？媽媽為什麼不自己去，或者和她一起去呢？假如小紅帽不得不去，媽媽為什麼不提醒她不要停下來和大野狼說話呢？這個故事清楚表示，從來沒有人告訴過小紅帽和大野狼說話是很危險的。一般來說，沒有媽媽會愚蠢到忘記告誡孩子危險。因此，很可能的情況是：媽媽要麼不關心小紅帽，要麼想拋棄小紅帽！

運用火星人的思考模式，外婆、大野狼甚至是獵人，都需要被懷疑。例如，外婆那麼老了，為什麼要獨自生活在那麼偏遠的地方，還不鎖門，讓大野狼可以自由進入？大野狼為什麼不去吃別的小動物，偏偏要來吃人，還用「偽裝」這個複雜的方式，最後自找麻煩……最後，伯恩說，這個故事不應該是講給人類小孩的故事，而應該是講給小狼的故事。因為最終的受害者是大野狼，所以這個故事應該在狼群中流傳：沒事別想著吃小孩！

從伯恩這個有趣而犀利的分析中，你對獨立和敏銳的思考有一些感覺了嗎？**要拿回「思考的力量」，需要從別人的各種想法、建議與說辭中，退回到自己的內心世界並經常詢問自己：我看到了什麼、我想到了什麼、我個人的觀點是什麼？**

❷貼近自己的情緒，從中覺察自己內心好惡的真實聲音

人類情緒學家西爾萬・湯姆金斯（Silvan Tomkins）透過研究，提出嬰兒天生具有九種基本情緒，並用雙重命名展示出該種情緒的不同強度[14]。它們分別是：驚奇／驚訝、害怕／恐懼、興趣／興奮、生氣／憤怒、難過／痛苦、享受／快樂、厭惡、厭聞（湯姆金

斯自己發明的詞彙，類似於「輕蔑」）、羞恥／恥辱。這九種基本情緒是在人類進化的過程中形成的，每種情緒對人類的生存都具有獨特的意義。人們的思考和行動是受情緒推動的，例如，當我們有興趣時，就會希望進一步探索和了解；當我們害怕時，就會躲避並擺脫危險；當我們生氣時，就會「打回去」並維持自己的邊界；當我們厭惡時，就會遠離；當我們快樂時，就會沉浸其中。

珊卓・英格曼（Sandra Ingerman）在她的書中[15]介紹了一個練習，這個練習可以幫助你在不確定的情況下，利用自身情緒體驗並明確自己的真實想法：

首先，你需要舒服的坐在椅子上。閉上眼睛、深呼吸四次，盡可能完全放鬆。然後，心中想著你確實喜歡的某個東西，可能是某種顏色、某種花或者某道食物等等。對自己說：「我熱愛……（你喜歡的東西）」重複這個句子，並感受你對自己說真話時，身體有什麼感覺。然後起身走動一下，再回來坐下、閉上眼睛、深呼吸四次。然後對自己說謊話，對自己說：「我討厭……（你剛才說你喜歡的東西）」重複這個句子，感受自己說謊話時身體的反應。熟悉這兩種感覺，之後，當你遇到難以確定自己真實想法的情況時，可以透過感受自己身體的感覺，更接近真話還是謊話並加以判斷。例如，當你聽到某人講話時，如果身體反應更接近自己說謊話的感覺，就可以知道自己的真實想法是不認同。

❸學會表達不贊同

在日常生活中，最簡單的是「表達贊同」，因為只要認同別人的想法，除了自己比較壓抑外，彼此大概不會公然出現激烈的衝突。

表達贊同分為三種情況：

情況1 **真心贊同**，意思是你有你的看法，別人有別人的看法，但你真心認同對方的想法。

情況2 **選擇贊同**，意思是你有你的看法，別人有別人的看法，雖然你不贊同對方的想法，但事情無關緊要，表示贊同可以避免衝突、節省精力，因此你選擇贊同。

情況3 **自動化贊同**，意思是你感覺不到自己真實的想法是什麼，只是別人說什麼就聽什麼，或即使你意識到自己與他人的想法不同，但總是下意識的放棄自己的想法、遵從他人的想法。

如果你是第一種情況，也就是「真心贊同他人的想法」，同時也可以表達出贊同就沒有什麼問題。如果你是第二種情況，也就是「選擇贊同」，只要不是每次都選擇贊同，也沒有什麼問題。但如果你是「自動化贊同」，那麼從現在起就需要有意識的學習覺察自己的想法，並練習表達不同意見。

表達不同意見有三個步驟：

步驟1 你需要消除「表達不同意見一定會造成不愉快或尷尬」，以及「不愉快和尷尬就一定是不好」的看法。表達真實想法導致的不愉快和尷尬，往往是暫時的，只要保持「我好－你也好」的態度，其實不會破壞關係；相反的，還可能促進關係。

步驟2 清楚說出自己同意哪些部分、不同意哪些部分，並闡明不同意的理由。

步驟3 提出建設性意見，比如：「我想我們（怎樣做）……可以更好的解決這個問題。」如果沒有提供建設性意見，只是表達反對，則是不可取的。

表達不同意見，並非為了反對而反對，而是為了更好的照顧每個人的需求，當然其中也包括照顧自己的需求。另外，表達不同意見後，不要強求對方一定要採納自己的意見。在日常生活中，尋求雙方或多方的共同滿足，才是最優的解決方案。下面舉一個表達不同意見的例子：「我覺得安排一次團隊共識營這個想法很好，大家的確很久沒有一起出去過了。但我覺得安排在七月不是很理想，一是暑假期間我們的工作量會增加，二是天氣太熱只能選擇室內活動，選擇空間有點小。所以，我覺得安排在六月中旬會更好。」

表達不同意見的另一種情況是表達拒絕。禮貌表達拒絕也分為三個步驟：

步驟1 鼓勵自己有權利表達拒絕。

步驟2 感謝對方的提議或在這件事上對自己的信任。

步驟3 真實說明自己不能接受這個邀請或安排的理由是什麼。

表達拒絕時，注意要：明確說出無法接受該邀請的「決定」，並說出自己的困難在哪裡，避免東拉西扯找理由。例如，你如果只是敷衍的說沒有時間，對方可能會繼續詢問你什麼時候可以，然後你就需要不停加以應對或尋找新的理由。如果你感覺很煩、懶得回覆對方，就會面臨因為不回覆導致的關係破裂，而非拒絕導致的關係破裂。另外，需要注意的是，如果對方堅持請求，而你還是不願意，可以冷靜而堅定的重複拒絕。

最後，舉一個禮貌拒絕的例子：「這麼好的機會你能想到我，真是太感謝了。我上半年時間都非常緊，手裡有三個工作正在進行，還有家裡的一些事情，所以這次不能參加了。但還是非常謝謝你的邀請。」

練習 3

學會表達不同意見或拒絕

要重啟個人的思考力，需要保持反思、敢於分離、敢於形成和表達自己的主張。本章，我邀請你完成的練習是「表達一次不同意見」或「表達一次拒絕」。

步驟 1 留意別人的表達或請求中，是否有你不同意或不願意的部分。事情可大可小，大到工作方面的決定和安排，小到中午吃什麼，都可以。

步驟 2 鼓勵自己有表達不同意見和拒絕的權利，並相信真誠而禮貌的表達不同意見和拒絕，並不會帶來糟糕的結果。

步驟3 利用前面提到的方法，表達一次不同意見或拒絕。

完成後，請記下當時的感受並反思整個過程，看看你從中發現或學到了什麼。

學員分享 **棠棠：**

以前的我不太會也不太敢表達不同意見，尤其是面對「權威」，他們可以是學校的老師、職場的上司、面試的考官，社會的優勢群體，我很快就能領會並認同他們的意思——體會他們的主旨、執行他們的決定。我也成了那個最聽話的孩子、學生、員工。但是，聽話的孩子也會有不同的想法，而結果往往就是對方覺得你也不過如此，最後孩子感到委屈。原來這就是聽話乖孩子的「代價」。除非你永遠不說「不」，除非你永遠不做自己，否則你永遠不會讓別人一直滿意。

直到那一刻，我終於深刻體會到什麼叫「被討厭的勇氣」。自主的思考，勇敢的表達，不要因為害怕被討厭而放棄自己的聲音和思考。

一開始，表達不同意見或拒絕他人要求時，可能會為了表示「自己誓與以往不同的決心」而不慎用力過猛。這裡面除了要刻意練習以外，還有個心態問題。比如今天我表達了一次反對的意見，但表達起來有點攻擊性，有點指責且憤怒的意味，我反思了一下，我並不是因此事而憤怒，可能是用憤怒來壓制對方，而為什麼是用憤怒這樣的方式，可能是我下意識默認對方會否定我的看法，所以我試圖用強硬的方式來壓住對方。可能是我小時候表達自己的觀點、想法和需求的時候，就是受到打壓與指責吧，所以我也以為別人面對同樣情形時也會如此。

學員分享　橙子：

今天晚上，媽媽回來問我想吃什麼。家裡才剛請親戚吃過飯，所以有非常多的剩飯剩菜。媽媽準備熱一熱來吃，我不是很想吃，但心裡還是有些過意不去、有些猶豫。不吃吧，讓媽媽一個人吃剩菜，我去吃別的，不過剩菜吃不完倒掉好像也很不好。吃吧，但心裡是真的不是很想吃。

最後還是決定和媽媽說出我的想法——我不想吃。說出的那一瞬間，還是挺怕媽媽傷心的，但是媽媽沒有，而且欣然接受了，還給我錢，讓我和妹妹買點別的東西吃。後來，媽媽有個朋友從其他地方回來，媽媽也就和朋友出去吃了。

說出自己真實想法的感覺還是挺好的，不用勉強。其實我的勉強，媽媽也可以感覺到我不開心，媽媽可能也不太開心。但說出自己想法後，反而好像皆大歡喜。我相信之後說出自己的想法，不一定都有好效果，但總要勇於說出自己的想法，自己不照顧自己的想法，又有誰來照顧自己呢？

Chapter 9

為什麼故事中的悲劇角色，總是映照到我的身上

改寫人生腳本的第四步，重啟「認同力」

「我是誰」是個深厚而複雜的問題。如果讓此刻的你來回答，恐怕要思考很久，才能給予部分答案。但你是否知道，關於這個問題，我們其實在六、七歲時就有答案了呢？

「人的一生是喜劇還是悲劇，已經由還未上學的頑童決定。此時，這個孩子關於世界及其運作的方式還知之甚少，他的心被父母灌輸的事物填滿。然而，正是這個懵懂的孩子對未來做出了決定，成為貧民還是國王，妓女還是王后。」

——艾瑞克・伯恩

不知聽到這段話，你有何感受。我第一次聽到這個觀點大約是在十七年前，那時我

還是一名心理學研究生。我當時真實的想法是：「應該不可能吧，一個孩子懂什麼，還能決定自己的一生？這就是一種理論，和真實生活關系不大！」但隨著我不斷學習、自我探索，以及為他人做諮商，我發現人們確實在很小的時候就已經在重要他人的影響下，確定了「我是誰」。正如第一章所說，孩子與身邊「巨人們」的力量懸殊，為了生存下去，他必須盡快了解這些巨人，找到適當的自我定位。例如，假如巨人們很喜歡這個孩子，願意傾聽、照顧、保護他，也願意和他玩鬧，甚至允許他打贏他們，那麼這個孩子就可能把自己放在寵兒、幸運兒、領袖、勇士、王子、公主、重要人物、勝利者等等角色上；假如巨人們對這個孩子不耐煩，經常呵斥、命令、羞辱或忽視他，那麼這個孩子就可能把自己放在倒楣蛋、跟班、僕人、病人、造反派*、不受歡迎的人、失敗者等等角色上。當然，有時巨人們還會直接給孩子貼上「標籤」：你是個奇怪的人、你是個傻子、你是個開心果等等。

案例11 是不是發生激烈衝突、大發脾氣，才會受到大家關注？

浩浩是個男生，從小非常聰明伶俐，也很乖巧。他的父母一直把這些聰明乖巧的表現當作理所當然，很少稱讚和肯定他。但是每當他和其他小朋友發生衝突，或者在他變得非常憤怒時，爸爸媽媽就會來安慰他。因為他們覺得這麼乖的孩子，如果他不高興了，一定是受了很大委屈。他在學校也慢慢發現，如果自己很乖，只能是聰明、成績好，但不太受關注的孩子；而每當自己和同學發生激烈的衝突或大發脾氣時，就會受到大家極大的關注。漸漸的，他成為了學校中「學習超好、脾氣超大」的風雲人物。而在家中，父母常常說他是時不時就脾氣暴躁的「怪物」，也會因為他大發脾氣而妥協退讓。

案例中的這個男孩並非刻意為自己製造了一個奇怪的「霸道總裁」人設。他「直覺」的發現，在當時的成長環境中，這樣的角色定位可以為自己帶來最大獲益：既可以因為成績好獲得家人、老師、同學的認可，又可以因為脾氣差獲得所有人的關注。「學

＊ 文革時期，一些紅衛兵打著「革命無罪，造反有理」的口號自稱「造反派」。現在在中國只要是做壞事者，就會被稱為「造反派」。

習好，脾氣差」、「個性奇怪」就成為了他當時的自我認同。

從童年故事裡，看見你的自我認同

自我認同，又稱身分認同，英文是「identity」，簡單來說，就是知道自己是誰，對自己的各個方面形成統一的、確定的認識。比較理想的情況是我們在三到六歲期間，透過各種測試（如和「巨人們」的相處、和不同性別的小朋友一起玩耍，扮演喜歡的影片中的不同角色、和其他人發生衝突看看有什麼後果等等）形成了較為穩定、客觀、積極的自我認知。例如，孩子透過與巨人們的相處，認知到自己是受喜愛的人；透過看兒童片，認知到自己希望成為勇敢的戰士；在和其他小朋友的較量中，認知到自己雖然個頭不高、身體不那麼強壯，但很靈活；在和周圍人的相處中，認知到自己雖然不喜歡和一些人待在一起，但可以和很多人成為朋友，大多數人是喜歡自己的等等。但如果環境沒有提供孩子充分的測試和探索機會，或者總給孩子「貼標籤」，那麼孩子就可能對自己形成「片面而僵化的」或「負面的」認知，且有可能高估或低估自己的實際能力。例如，孩子從「巨人們」不斷的指責中，認為自己是個懶惰的人；在與其他小朋友的衝突中，認為自己是個暴躁的人；在和其他小朋友的較量中，認為自己是失敗的或誰都惹不起的人等等。

那麼，我們可以怎樣發現自己的自我認同呢？一個有趣且快速的探索方法，就是從有共鳴的故事裡找到自己。在三到六歲期間，孩子會聽各式各樣的故事。當聽到某個角色時，孩子就會「認出自己」，並透過故事結局，得知這個角色的最終命運，然後把自己與角色的人生命運對應起來。**一個人最有共鳴的故事，其實就是他的腳本故事，也就是「該故事可以映射出一個人的人生腳本」，包括腳本結局、禁令和驅力等等。**

案例12 總是覺得自己無依無靠，只會孤獨而寒冷的死去

依依是一位女士，從小寄養在奶奶家。奶奶與舅舅、舅媽同住，他們有一個女兒，也是依依的表姊。雖然五個人住在同一個屋簷下，但是除了奶奶，沒有人會主動關心依依。舅舅、舅媽也從來沒有用等同於對待自己女兒的方式對待過她。表姊的衣服永遠比依依多、文具用品永遠比她好，而且表姊有自己的房間，她卻只能和奶奶擠在一起……在她心裡，她覺得表姊就是公主，而自己就是可憐的僕人。舅舅、舅媽不關心她，似乎還有點嫌棄她，爸爸、媽媽也從

來沒有關心過她的困境。不過，奶奶卻總是公平的對待她們，買東西時也會幫另一個買一份。在依依心裡，奶奶是唯一可以信賴的人。在這個家裡，她不斷觀察舅舅、舅媽的臉色，揣摩他們的心意，希望自己可以盡量表現得好一點，從而得到他們的一些認可。在這樣的成長環境下，她從〈賣火柴的小女孩〉這個故事中認出了自己：她就是那個無依無靠的賣火柴小女孩，總是眼巴巴的看著別人擁有各種美好的東西，而自己卻什麼也得不到。最後只能孤獨而寒冷的死去，與奶奶在天國相遇。

案例中的依依，一旦在小時候將自己認同為「賣火柴的小女孩」，便確定了自己的整個腳本。她的腳本禁令是「不要重要」、「不要成功」，腳本結局是「輸家」，驅力是「要討好」、「要堅強」。

你在什麼樣的角色和故事中可以「認出自己」、「獲得共鳴」呢？不要只說出那個故事的名稱，用自己的話敘述一遍那個故事很重要。例如，有人對孫悟空的故事特別有共鳴。不過，不同人心中的孫悟空可能並不相同。在有的人心中，孫悟空的故事是十萬

天兵天將都降他不住，最後大鬧天宮，讓所有神仙都領教了他的厲害的「成功故事」。可在另一個人心中，孫悟空是開始時勤奮學習、不害怕權威、打敗很多妖怪，但後來成了佛卻只能收斂起鋒芒的「無奈故事」。

現在，我邀請你思考：

思考1 你心中最有共鳴的故事什麼？你從故事中的哪個角色身上，可以「認出自己」呢？

思考2 這個角色的故事，是否與你潛意識中的腳本相對應呢？

思考3 故事中，你最有共鳴的角色是有力量的，還是沒有力量的？是有能力的，還是無能的？是可以保護自己的，還是被人傷害的，或者是傷害別人的？是善良的，還是瘋狂的？……。

思考4 在最終的結局裡，這個角色是成功的，還是失敗的？

透過上述探索，你對自己藏在故事裡的自我認同，有更多發現了嗎？

檢查看看你現在的自我認同發展

我們可以怎樣評估自己的自我認同發展現狀呢？可以從以下三個角度來看：

❶鐵砧 vs. 鐵錘

歌德*的《宴歌集．科夫塔之歌》中有這樣的語句，大意是：「不是成功的支配他人，就是失敗的聽命於人；不是忍辱，就是獲勝；不做鐵砧，就做鐵錘。」簡單來說，就是把你的腳本結局用二分法來簡化，你是帶有主動性和攻擊力的鐵錘，還是被動挨打的鐵砧？再簡而言之，就是你是「腳本贏家」，還是「輸家」呢？伯恩認為，我們每個人出生時都是贏家（用「王子」、「公主」表示），但因為成長環境的影響，我們可能成為輸家（用「青蛙」或「牧鵝女」表示）。腳本分析的目標，就是讓每個人回歸「王子」和「公主」的位置。這裡的「王子」和「公主」並非真實的角色，而是腳本中的一種態度、位置或感覺。真實的王子和公主全世界只有幾個，但是每個人都可以成為自己人生劇情中的「王子」和「公主」，尊重自己、尊重他人、優雅成功、受人喜愛。

❷現實 vs. 幻想

如果你擁有某種自我認同，同時外界給你的回饋也是如此，那麼，你就擁有現實的自我認同。現實的自我認同，簡單來說就是「你對自己的看法與他人對你的看法基本上一致」。如果你對自己的看法與外界對你的看法不一致，那麼就可能存在「幻想」。幻想有兩種情況：一種是把自己想得太好；一種是把自己想得太糟。因此，自負和自卑的本質是相同的，都包括了不切實際的誇大——自負誇大了自己的好，而自卑誇大了自己的糟糕。

❸積極 vs. 消極

如果你選擇了積極的腳本角色，同時對自己的認識也是清楚、現實的，就代表你很好的發展了「自我認同的力量」。如果你選擇的是消極的腳本角色，同時對自己的認識也不夠清楚、現實，就表明你還未擁有「自我認同的力量」。舉例來說，如果一個人選擇的腳本角色是「灰姑娘」，她就選擇了一個積極的腳本角色。伯恩認為灰姑娘是腳本

* 歌德（Johann Wolfgang von Goethe, 1749－1832）德國戲劇家、詩人、自然科學家。

贏家。因為當她處於劣勢時，不抱怨、不捲入鬥爭，而是做好自己該做的事；當機會到來時，她抓住機會、成為了贏家。另外，雖然「灰姑娘」聽起來像個很慘的人，但她的真實身分其實是貴族小姐，正因為有這樣的基礎，她才有可能在王子的舞會上嶄露頭角、獲得青睞。如果她對自己的劣勢（被繼母欺負）和優勢（美麗能幹）都有清楚的認知，並且能夠保持著基本的自信，那麼，她形成的就是現實的、良好的自我認同。相反，如果一個人選擇的是在寒冷與飢餓中死去的「賣火柴的小女孩」角色，看到的只是自己的無助和可憐，就沒有發展出良好的自我認同，需要重啟「自我認同的力量」。

採取行動、獨立思考，重啟自我認同的力量

根據潘蜜拉．萊文的估算，在自然情況下，年齡是四，以及五的倍數；年齡是十五，以及十五的倍數時，是重啟「自我認同的力量」的時期[16]。一些外部事件也會激發重啟「自我認同的力量」。例如，學生畢業走上職場、老人退休回歸家庭生活、青年結婚生子承擔起新角色，或事業上有新的發展和升遷，又或是從一種文化進入另一種文化學習或工作，我們可以利用這些轉折的時刻停下來審視內在的「我」，從而重獲「自

我認同的力量」。

要想形成良好的自我認同，離不開前面兩階段的能力發展，也就是：一是「採取行動」；二是「獨立思考」。只有不斷嘗試、不斷反思，並且在反思後，繼續嘗試、繼續反思，如此循環，才能逐步清楚知道「我看重什麼、喜愛什麼、想追求什麼、能力的界線是什麼……」要拿回自我認同的力量，你需要能真實而完整的認識自我、勇敢的更新自我以及發自內心的喜愛自我。唯有這樣，你才有可能走出過去陳舊的腳本角色，為自己建構新的人生戲劇。

如果一直活在陳舊的、不良的自我認同中，就像帶著「手提式懸崖」的女孩[17]——她的生活早已改變，再也不是好似生活在懸崖峭壁的邊緣，然而，如果她有一個手提式懸崖，無論走到哪裡，就會把懸崖帶到那裡。所以，無論她走到哪裡，永遠都不會感到自在或放鬆。現在的我們，無時無刻都可以選擇成為全新的自己。你可以不帶恐懼的想像自己想成為的樣子，然後實現它！

練習 4 看見不帶恐懼或限制的理想自我

當你不帶恐懼或限制，去成為自己想成為的自己，你知道那個你是什麼樣子嗎？接下來，我邀請你進行「明確理想自我」的練習。

步驟1 請列舉三位你最敬佩的人物，生活中的人物、卡通形象或影視作品中的人物都可以，例如：父母、老師、葫蘆娃、《阿甘正傳》中的阿甘等等。

步驟2 分別列出每個人具有什麼特質，吸引你將他們作為榜樣？

步驟3 提取這三個人具有的共同特點。然後列出你與他們的相似點和不同點。

最後，你會看到，他們三個人的共同特點就是你的「理想自我」。你與他們的相似點，就是已經實現了的部分，而你與他們的不同點，就是你可以繼續發展的部分。思考結束後，你也可以想想這三個人物的人生結局如何？誰的人生結局是你更想擁有的？

學員分享 瑤瑤：

小時候我非常喜歡《白蛇傳》裡的白素貞，長大後很喜歡楊瀾**，成年後感覺自己特別崇拜孟晚舟***。這三個人的共同特點是漂亮、能幹、勇敢、有擔當、有追求，而且敢於追求。我跟她們相似的是漂亮、能幹、有擔當，但我沒有她們勇敢、追求的目標不明確或者說有目標但被動。我想起年輕時我很喜歡《冬季戀歌》這部戲劇，看了一遍又一遍仍然能觸動我的心靈，我也忽然明白了其實在愛情裡我希望被愛，然後等待愛。當男主角失憶愛上別人，我哭得稀里嘩啦，其實跟小時候上幼兒園看到別的爸爸媽媽接小孩，自己卻總是一個人回家的感覺一樣，覺得自己就是那麼可憐，覺得自己不被愛、不會有人愛！成年後，其實自己的愛情也是一塌糊塗，但主旋律真的如出一轍——期望有愛又不相信自己能擁有愛，所以多次失之交臂。現在家庭和諧但就少了點什麼。我現在明白自己少了「主動」追求目標，等太多了！我為什麼喜歡

* 一九八六年上海美術電影製片廠出品的動畫，人物原型參考了民間傳說〈十兄弟〉，故事描述從葫蘆中誕生的七兄弟與妖精鬥法的故事。

** 中國電視主持人、企業家，一九九四年獲得中國第一屆主持人「金話筒獎」。

*** 中國企業家，也是華為公司的副董事長、財務長。

白素貞，其實白素貞真就是為愛執著勇敢，這是我一直做不到的，也是我要努力的了。今天起，我不再埋怨老公不夠愛自己，而是努力成為更好的自己，學習親密關係處理的課程，想要的都可追求，包括愛情，包括更好的事業！

學員分享 **橙子：**

・袁隆平*：一生忠於一件事，把這件事做到極致。終生致力於雜交水稻研究，為造福人類，夢想讓全人民擺脫貧困！

・《哪吒之魔童降世》**中的哪吒：不在乎別人的看法、忠於自己、「我命由我不由天」、敢於去挑戰、堅持自己。雖然出生是命定的魔丸，會毀天滅地，但是他不信命，逆天改命，拯救了陳塘關的百姓，為眾人敬仰。

・肖戰***：經歷挫折後並沒有被打倒，而是迎難而上；能夠沉下心去鑽研、去沉澱。他的人生還在發展中，但我相信會愈來愈好。經歷了那次挫折後，他投身於公益以及去沉澱。

・他們的共同特點就是：遇到困難都是迎難而上；不在乎別人的看法、忠於自己；敢於挑

戰；能夠沉下心，專注在一件事情；有責任心，幫助別人。

・與我的相似點：敢於挑戰；有責任心，幫助別人。其餘都是可發展點。

我更喜歡哪吒的結局吧，也許命運沒有那麼盡如人意，但決定最終走向的還是自己。就像我們的人生腳本，之前受外界各式各樣因素影響，造就了我們的結局。但是我命由我不由天，當我們開始有意識的去覺察改變，就可以改變那已經命定的結局。總要去嘗試，也許會不一樣呢。

*中國工程院院士、雜交水稻育種專家。

**二〇一九年出品的奇幻動畫電影，以《封神演義》中的哪吒故事為基礎改編。

***中國演員、歌手。

Chapter 10

為什麼遇到問題，我卻無法靠自己的能力解決

改寫人生腳本的第五步，重啟「精熟力」

有一個故事叫作《魯公治園》。你可以邊看，邊思考「魯公」是個什麼樣的人：

魯公想整修一個小園子，並打算挖一個池塘。他的父親說：「挖出來的土沒有地方放怎麼辦呢？」於是魯公停下來。接著有人說：「土可以堆成山呀。」魯公覺得這個辦法不錯，就打算按照這個人說的做。接著魯公的妻子又說：「土堆成山你就不怕小女兒跌倒嗎？」魯公想想也是，又停了下來。這時又有人說：「如果你修條小路通到園子裡，並設個柵欄圍著它，又有什麼好擔心的呢？」魯公覺得有道理，又打算按照這個人的辦法做。接著，家裡又有人出來阻止他說：「園子整修好了，必定需要找僕人打理，可是家裡給僕人住的房間已經滿了，值得考慮啊。」魯公又猶豫了……最後，整修園子這件事不了了之。

從魯公想整修園子，到最後不了了之，你覺得魯公最大的問題在哪裡呢？我想，他主要有兩方面問題：一是對自己的目標認同度不高，因此很難堅持；二是缺少達成目標的有效方法。上一章我們談的內容與「認同」有關，這一章我們討論「達成」。**唯有具備解決問題、達成目標的能力，才有可能真的「成為」理想的自己！**

接下來，請你評估自己在過往經驗裡，解決問題、達成目標的能力：十分代表你具備充分的能力，遇到任何問題都可以找到路徑和方法解決，達成自己的理想狀態（超厲害）；零分代表你在這方面不具備任何能力（超不厲害）。

依據你現在的情況，你為自己打幾分？打完分後，想想你對這個得分滿意嗎？如果你覺得還有可以提升的空間，歡迎你繼續探索。

精熟力，是有意識學習並掌握的能力

「精熟的力量」可以理解為「我們學會如何獲得一種本領，以達到精通和熟練的程度」，是有意識的學習並掌握的能力，與之前自發性的學習有所不同。這種能力最初在六至十二歲這個階段發展起來。

這個時期，我們還做不出一些大事，但會學習並掌握一項又一項技能，並透過掌握技能的過程，學會掌握一個本領的方法，例如：這個階段的孩子還不太會寫字，剛開始拿筆時，使不上力、字寫得歪歪扭扭，但是透過反覆書寫一二三四、橫豎撇捺，最終他掌握了寫字的技巧，能夠整潔、熟練的寫出各種簡單或複雜的漢字，在寫字這件事上達到了精熟。六至十二歲差不多是讀小學的時期，除了寫字，還要學習注音、識字、算術、跳繩，以及如何應對考試、如何與不同任課老師及同學和諧相處等等。孩子正是在完成一項又一項任務的過程中，獲得各種本領以及「如何掌握一種本領」的能力。換句話說，在這個階段，孩子不僅要掌握一項又一項具體的技能，更重要的是探索出「可以如何掌握一項技能」的方法。這就是俗稱的「方法論」或「解決問題的能力」。

孩子從不會寫字到學會寫字，掌握了寫字的技能。同時，假如孩子知道：我一開始不會寫字，但只要每天練習、堅持一個月，就能夠學會寫字，這便是掌握了解決「不會寫字」的方法。從某種程度來說，這比學會寫字本身更重要。這就是我們在這裡所說的「精熟的力量」。

那麼，孩子是怎樣學會解決問題、獲得自己的方法論，從而使自己擁有精熟力呢？主要包含三條路徑：

路徑1 **模仿與複刻**。這是指孩子在成人的指導下，透過模仿與複刻，逐步掌握某項技能，從而問題解決。例如，孩子不會寫字，老師教他們握筆的方法、如何使用力量、筆畫順序等等。老師逐一教導，孩子跟隨模仿，並複刻練習。之後，孩子獲得了寫字技能，解決了不會寫字的問題。成年後，當我們遇到難題，透過網路搜尋攻略，就是在運用模仿與複刻的方法解決問題。

路徑2 **嘗試犯錯**。這是指透過反覆嘗試，孩子擺脫大人教導的固定方法，找到適合自己的問題解決途徑。例如，有位男孩很希望同學喜歡自己、願意和自己玩。但他經常看不起同學，甚至在與同學發生衝突時打罵對方。家長、老師經常輔導他、教導他應該尊重他人，但他也聽不進去。後來，他發現如果能夠找到和同學的共同興趣，就能更好的融入大家。於是，他經常這樣做，同學對他的接納程度果然也更高了。這位小朋友就是透過嘗試犯錯，找到如何使他人更喜歡自己的方法。

路徑3 **與權威爭論，並形成自己的價值系統**。如果孩子在前四個階段發展得比較好，那麼從小學階段起，就會形成很多獨立的奇思妙想。當大人「告訴」他某事應該怎樣處理時，他會說：「我要用自己的方法！」當你質疑他的方法時，他會反問：「你怎麼知道我這樣做不行？」在與權威爭論的過程中，孩子會逐步形成自己的解決問題方式，並漸漸形成自己的價值系統。此時，他就擁有了屬於自己的「方法論」。

這三條路徑對孩子來說都非常重要，成人的指導可以讓孩子有效利用已經有的資源，利用現成的「模板」快速解決問題；孩子與權威爭論，並透過嘗試犯錯，在實踐中尋找如何解決自己問題的方法，有助於發揮主動性和創造力，並且一旦成功，就會大大提升自信。當後續人生遇到困難時，他的個人價值觀及問題解決技能，就能指導他自己解決問題。**但是很多家長容易在這個階段過分強調服從權威和避免犯錯，也就是只重視第一條路徑，忽視了第二和第三條路徑，導致孩子喪失了獨立且具有創造性的解決問題能力。**如果不具備獨立解決問題的能力，孩子一旦離開父母，就很容易在困難面前手足無措、陷入困境。

案例13 為什麼升大學後，卻發覺自己無法掌控課業？

小福是位男生，從小在學業各個方面都很出色，似乎不需花費什麼力氣就可以學得很好。特別是英文，彷彿具有天賦一般，透過看電影就可以很自然的好好掌握聽說讀寫各方面。他也是個很聽話的孩子，學業和生活幾乎都是聽父母的安排，很少有社交和娛樂活動。可是高中畢業進入大學後，他的天資似乎就不再像從前那樣帶給他那麼多幫助。面對多學科交叉的新興主修，他的頭腦反應似乎不如之前靈光；面對第二外語，看電影似乎沒什麼用，讓他感到無從下手；面對宿舍的人際關係，他也不知道如何應對和處理。他的狀態和成績愈來愈糟糕，每天只能靠遊戲才能暫時迴避失敗感和痛苦感。父母不理解他到底怎麼了，把所有問題都歸咎到他遊戲成癮上，他們之間的衝突也愈來愈大。曾經，他是父母的驕傲，但現在糟糕的狀態讓他感到愧對父母。他不知道怎樣才能擺脫當下的困境，只能在看到父母的訊息時一次又一次的迴避、失聯。父母也非常困惑，為什麼曾經那個優秀、聽話的孩子，如今這麼頹廢呢？

案例中的小福在進入大學前，過人的天資確實帶給他很多好處，但同時，也帶給他障礙。當時，他的主要精力都放在學業上，課程內容對他來說也相對簡單，他不需要特別克服困難、解決問題就可以做得很好。另外，他個性乖巧，基本上都是聽從父母的安排。因此，他沒有機會透過嘗試犯錯、與權威爭論等方式，發展自己的「精熟力」、獲得個人解決問題的方法論。因為缺失「解決問題的方法與能力」，當他進入大學、遭遇困境時，就很容易不知所措、陷入其中，從一個「厲害的人」變為一個「不厲害的人」。**沉迷遊戲往往只是缺乏問題解決能力的表象，而很多父母卻將其看作讓孩子誤入歧途的毒藥**。後來，小福利用大學失利的機會，重新學習如何突破課業困境、如何調整心態、如何處理好人際關係等等，重啟了「精熟力」，之後又順利跟上了學業。在下一次遇到學業危機時，雖然他也有些恐慌，但利用之前的成功經驗，迅速調整了狀態。之後，他對自己應對困難、解決問題的自信心大為提升。

重啟精熟力，是實現「贏家腳本」的重要保障

如果你已經擁有了屬於自己的、可以順利解決問題的方法系統，那麼你就已經具備

了精熟的力量；如果你只部分具備，甚至還沒有具備，那麼就需要重啟這種能力。假如你不清楚「不具備精熟力」是什麼樣子，就可以想想本章開頭故事裡的魯公：沒有明確的做事計畫和方法、對想做的事很難堅持，也很難達成自己的理想狀態。如果你也有類似的情況，就需要重啟「精熟力」。

「精熟力」是實現贏家腳本的重要保障。如果透過重啟「認同力」，明確了自己的理想自我，但沒有「精熟力」保駕護航，你就很難找到切實可行的路徑，成為那樣的自己。

除此之外，「精熟力」也是保障你獲得職涯成功的關鍵。我曾經做過ITER的應聘輔導師，ITER的全稱是「國際熱核融合實驗反應爐」（International Thermonuclear Experimental Reactor），它曾經是中國參加過規模最大的科學工程國際合作計畫。該計畫會定期向全球招聘優秀人才，服務於國際熱核融合事業。在輔導中國候選人應聘的過程中，我發現該計畫案的承攬人員最看重的東西叫作「Best practice」，翻譯成中文就是「最優做法」，指的是你在過往的工作經歷裡，探索出怎樣的最優實踐方案，它可以怎樣服務當下你要應聘的項目。「Best practice」反映出的是一個人最佳實踐能力與反思水準，直接體現了個人的「精熟力」。

從自然重啟的路線來看，年齡是六到十二歲的倍數，特別是八到九歲的倍數時，是重啟精熟力的時期[18]。從外部激發的路線來看，當我們需要：❶學習使用新工具、發展新技能時；❷嘗試找到解決某個事情的方法，從而知道什麼是可行時；❸學習安排時間時；❹與同輩群體，特別是同性別群體，因為接觸或相互比較而感受到壓力時，都是重啟精熟力的好時機。

重啟「行動力」與重啟「精熟力」的區別在於：重啟行動力需要我們先行動，後思考，丟掉腦中過多的想法，先做再說；而發展精熟力需要我們先思考，後行動，先找到可行的方案，然後在實踐中透過不斷探索與嘗試犯錯，在解決當下的問題的同時，形成最佳的問題解決方法論。

成年後的我們，該如何重啟「精熟力」

我們可以如何重啟「精熟力」呢？有四種做法非常必要：

❶找到榜樣

雖然要啟動的是自己的精熟力，但先向外探索，從他人身上尋找已有的成功模板（即榜樣）也很重要。榜樣就像老師，他們解決問題的方法可以為無措的我們提供解決問題的思考方法，並能夠鼓舞我們堅持下去，獲得和他們一樣的成功。多看各類傑出人物的訪談類節目、演講類節目，或閱讀他們的傳記，把視線從八卦上移開，關注他們的人生曾經經歷過什麼、他們是如何克服這些困難最終取得成功的，是獲得這類訊息的好管道。另外，榜樣不僅包括那些傑出人物，在你身邊的、在某方面比你做得好的人，都可以成為你仿效的對象。

❷合理預期

想實現精熟，需要對達到精熟的過程保持現實、合理的預期。很多人心中都潛藏著關於成功的幻想——只要努力一下，就可以得到想要的東西。就像一位六歲的小朋友沮喪的認為他永遠折不好紙飛機，因為他已經折壞三個了。

心理學家茱莉・海（Julie Hay）提出了一個「能力發展曲線」[19]，這個曲線可以幫助我們看到達到精熟需要經歷的七個階段，而並非努力、試個三次就能走到巔峰。這七個階段分別是：

階段1 **停滯：感知到自己停滯不前。**例如，前面案例中的小福在進入大學後，感覺自己的成績無法提升。

階段2 **否認：抗拒承認自己是停滯的，並因為自己開始做一些嘗試而感覺自己的能力提升了，但其實並沒有實質性的變化。**例如，案例中的小福認為自己的成績不好只是暫時的，他考試前兩週堅持每天自習補課，並堅信這次的成績一定會變好。

階段3 **沮喪：再次感到自己能力不足，因此變得很沮喪，知道自己需要改變，但又不知道如何改變。**例如，小福雖然堅持自習兩週補課，但在考試中成績並沒有變好，非常沮喪，對自己很失望，但又不知道可以怎麼辦。

階段4 **接受：真正認清自己必須做出改變的現實，開始接受當前的情況，放下過去的態度和經驗，探索陌生但有價值的做法，然後能力才真正開始提升。**例如，透過諮商，小福看到自己是如何一步步發展到現在的局面，放下過去「完美優等生」的定位，重新探索自己在大學中的適當定位。

階段5

發展：進入新的學習週期，持續學習新知識和技能，能力持續攀升。例如，小福開始在諮商中學習如何突破學習困境、如何調整心態、如何處理好人際關係等具體技能，不斷提升自我。

階段6

應用：將學習到的新知識和技能付諸實踐，因為對新東西的掌握還不夠熟練，偶爾還是會體驗到沮喪的感覺，但總體來說，這個時期的能力已經打好基礎。例如，在新學期中，小福付諸實踐在諮商中學到內容，也取得了不錯的效果，但有時又會因為新的挑戰而心態上產生波動，透過及時與諮商師溝通交流，又恢復穩定和信心，能力持續增長。

階段7

完成：到了這個階段，意味著能力達到最高點，變得精通和熟練，能夠體驗到扎實的能力感。例如，小福最終可以脫離諮商師的支持，遇到困難時能夠自己突破困境，成功應對學業中的各項挑戰。

人們對「變得精熟」的整個過程愈能產生合理的預期，就愈有可能堅持下去，否則很容易在沮喪期就放棄了。這樣，就永遠無法真正突破、實現精熟，成為「很厲害」的高手。

❸允許失敗

在實現精熟的過程中，要保持開放的心態，既允許自己成功，也允許自己失敗，允許自己透過嘗試犯錯找到可行的方法。但是，很多人害怕失敗，並總是竭力避免它。其實，失敗是非常有價值的：要成為某件事的專家，你不僅需要知道「什麼可行」，還需要知道「什麼不行」。失敗的經驗可以幫助你確定「要避免做的」究竟是什麼。另外，有了失敗，你就不用一直對潛在的失敗擔心受怕，你會知道下次最糟也不過如此，從而真正有了面對的勇氣。

成功可以鼓勵一個人不斷拓展表現的上限，擁有不斷追求卓越的勇氣；而失敗可以幫助一個人界定表現的下限，丟掉無聊的自尊。因此，失敗和成功共同界定了一個人的真實能力範圍。有成功也有失敗，才會讓人更腳踏實地。

還記得我在擔任講師初期，非常害怕課講不好，每次講課前都提心吊膽。假如這次授課獲得了積極正面的回饋，雖然當下如釋重負，但下一次還是提心吊膽，生怕這次只是僥倖，下次會獲得負面回饋。直到有一次，我在某校做教師培訓時，經歷了幾乎所有學員都在培訓中睡著的慘況後，才真正放下了擔心：「哦，原來最糟糕的情況和最糟的

感覺是這樣的；我已經經歷過最糟糕情況，未來不會比這個更糟了……」之後，我的內心反而踏實了，不再焦慮和恐懼，而是真正開始學習好的培訓效果，是如何由講師、學員、培訓場地、培訓時機等多種因素共同決定的。我不再不切實際的期待自己每次講課必須像一場精采的「個人秀」，獲得所有人的「鮮花和掌聲」。也不再在講課前焦慮疲憊的反覆準備，因為獲得積極評價而洋洋自得，因為獲得消極評價而低落沮喪，而是能夠真實平和的與學員對話，在彼此間產生普通、親切卻又富有價值的互動。

❹學會復盤

「復盤」原本是圍棋術語，本意是下棋的雙方在下完一盤棋後，重新在棋盤上擺一遍下棋的過程，看看哪些地方下得好，哪些地方下得不好，是否有更好的下法。現在，「復盤」一般是指：**回顧自己做事情的過程，反思自己為什麼做得好，以及為什麼沒有做好，從而對自己後續的工作產生指導意義**。要達到精熟，不僅需要堅持與反覆嘗試，還需要善於總結和反思。只有不斷做事、不斷總結、不斷反思，才有可能找到自己獨特的解決問題、達成目標的「Best practice」。否則，就算堅持一萬小時，可能也只是流水線上隨時可以被機器替代的苦工，而不是精熟、厲害的人！

在心理諮商工作中，新手諮商師在受訓過程間，一定要做的事就是回聽和轉錄。這是指在諮商結束後，諮商師重聽或重看諮商過程（諮商師在錄音或錄影前，會徵求來訪者的同意，來訪者可以自由決定是否接受錄音或錄影），將與來訪者的對話逐字逐句記錄下來，用文字還原諮商原貌（包括來訪者重複說的話、語氣等一切細節），並進行反思的過程：「我有哪些地方做得比較好嗎？」「我遺漏了什麼訊息嗎？」「我有處理得不恰當的方面嗎？」「我有什麼困難和疑問嗎？」「下次我會改進什麼嗎？」……之後，在必要的方面尋求督導的支持與指導。正是在一次次的諮商復盤中，新手諮商師最終才會走向精熟，成為成熟、能夠勝任的諮商師。在你的專業領域中，你是否也學會了復盤呢？

練習 5

繪製自己的精熟路線圖

本章，我邀請你完成的練習是「繪製自己的精熟路線圖」。

步驟 1 請回憶你在過去的人生中取得成功的一個事件。這個事件可大可小，可以是成功通過了一次考試，也可以是學會了一項技能

（比如游泳），總之讓你感到有成就感的都可以。詳細回憶你當時是如何取得成功的，並將你的成功劃分為幾個步驟。

步驟2 選擇一位你敬佩的人物作為榜樣，並查閱他的人生經歷，列出你認為他取得成功前，經歷了哪些過程與階段。

步驟3 依據前兩個步驟的分析，提煉你認為合理的、有助於你達成理想自我（也就是上一章練習中所分析的內容）的可能歷程。

學員分享 千翻兒：

步驟1 **成功事件：從接觸吉他到酒吧彈唱歌手**

❶ 最初在朋友家接觸到木吉他，學了簡單的使用方法，對能夠彈吉他非常著迷；借回家慢慢研究欣賞。

❷ 一個偶然的暑假參加了培訓班，付出了很大的精力去學習、練習，吉他不離身一個暑假。

❸上學期間不斷練習、找琴譜自學。

❹大學時第一次看見演出的舞臺，對樂手在舞臺上的演出深深著迷，並且接觸到了更多彈吉他的人，和他們一起交流。

❺第一次去街頭賣唱，非常緊張也不知道完整的歌曲，還是順利賺到錢。

❻大學畢業後開始到街頭賣唱幾個月，慢慢臉皮就厚了。

❼有信心之後就去餐廳演出，不斷練習和提高歌量。

❽然後到小酒吧演出，那時候雖然唱得不怎麼樣，但歌量和吉他技術還是能滿足普通場子。

❾然後開始接觸音樂圈的人，參加第一次商演，非常緊張，節奏也不穩，下來還一直道歉，但是體驗過就穩一些了。

❿後來又接過大一點的商演，但還是非常緊張，手都不知道該往哪裡放，還破音了，非常尷尬，但是後來知道上臺前要熱身，臺風要放鬆。

⓫然後小一點的酒吧、大一點的酒吧都經常去演出，目前演出時放鬆一些，但還缺了一些大型演出的經驗。

整體來說，是一個從零基礎到不斷學習、練習、犯錯，然後建立信心，不斷增加經驗的過程。啓發是不要看得太重，定過高的目標。只要能賺錢、能生活，想做什麼就厚著臉皮往前衝，多衝兩次就慢慢專業了。

步驟2 偶像：成龍

❶成龍本身是戲團裡面的小演員，每天都要經歷非常嚴格的體能訓練，有扎實的武術功底。

❷七小福慢慢出名，他也積累了非常豐富的舞臺演出經驗。

❸初進影視圈時，他是動作替身演員，因為扎實的動作技術而能勝任。

❹慢慢開始有機會出演角色，雖然是小角色，也為他積累了演出的經驗。

❺從配角慢慢在圈子裡有機會成為小主角，那時就非常用心研究、模仿一些成熟的影星，研究主角和動作電影的潮流。

❻非常熟悉整個動作電影市場後，開始不斷接新片，也和導演討論更好的個人風格和觀眾愛看的類型。

❼漸漸透過幾部影片，摸索出動作喜劇的路線，試探了市場的接受度，漸漸加入各種街頭

文化。這都是探索的過程，動作技術本身的作用已經非常小。

❽開始被觀眾接受、開始學習擔任導演，按著自己的想法來拍攝，然後是亞洲、好萊塢、國際巨星。

明星是以市場為導向的，迎合這個市場的需求是摸索的過程，而不單單是技術好不好、牛不牛。整體來看，成龍的成功雖有一定的幼年基礎和時代作用，更多是後天慢慢在電影市場裡去探索、尋找、體驗、實驗，最後才得到市場一致喜愛。值得學習的是那種勇於探索、嘗試，還有願意闖蕩市場最新趨勢的衝勁。

而賈伯斯（Steven Paul Jobs）*的成功，在於他對探索的勇氣、特例獨行的思考力，和對完美和真理的追求。經歷過探索、學習、思考、嘗試、驗證，不斷學習與迭代，始終追尋內心的聲音、追求生命的意義。

步驟3 透過對敬佩人物的分析來看，我知道我想做一個獨立思考、勇敢探索的人。所以我不會停止探索和成長的腳步，現在這個階段的停滯是必經之路，也是很好的反思和向內看的時候。這個階段，我學會了看見本質的東西，也在多年迷茫之後看見自己內心停滯不前的點。我

知道，自己已經在活出自我的道路上了。走向理想自我的道路是一條充滿意思和藝術的道路，也是表達自我、實現自我的路。像成龍一樣不斷探索，像賈伯斯一樣獨立思考。在追尋內心的時候，停滯、否認、沮喪、接受、探索陌生但有價值的做法，才能發展、應用、完成。

學員分享 舒言：

關於小時候的自己，我在妹妹身上看到了自己的影子，比起多次嘗試犯錯，我們可能都是那種會在前期專注觀察，只有心裡有數才會行動的類型。長大以後，我逐漸發現自己在嘗試犯錯方面的缺失——的確，直到現在，我也對失敗懷著恐懼。很多時候，我形成了前期的思考工作過多，沒有行動來促進，導致工作遲遲無法推進的場面。

步驟1 成功事件：關於一次做書的經歷

因為大學主修課程的作業比較多，所以每次遇到新的作業時，我覺得就是在發展「精熟的力量」的過程。

＊蘋果公司聯合創始人。

❶停滯：第一次投入很大的心力去做的作業，是關於兒童書籍的。因為是沒有嘗試過的領域，其實對自己充滿懷疑，所以內心還是停滯的，前期提出了想法就不知道該從何開始，感覺好像不能達成最後的結果。

❷否認和沮喪：由於心理上的懷疑，我的進度比較慢，所以看到別人的作品，我對自己產生了深深的否定感、甚至沮喪，我不覺得自己能做完一個作品。

❸接受與發展：到了後期（實際上是為了趕作業），為了應付最終的結果，所以接受了現實。開始不是光想，而是繼續推進，嘗試了新的雷射雕刻法，發現並沒有想像中那麼難。隨後將自己的想法畫出來，一張張排版，一遍遍檢查，直到沒有瑕疵為止。最後透過印刷和手工製作，看著成品的產生，慢慢有了自豪感和喜悅感。這個過程實際上和設計的過程很像，大學三年間，我有了很多次這樣的經歷，發現只要是前期構建完備，最後總能完成。從最開始的無頭緒、情緒波動起伏，到後面學會調整情緒、加強行動力、加快進度、加深難度。我覺得如果大一的時候我的精熟能力有四分，現在應該有七分了。

當然，做作品的途中，有很多錯誤和失敗，不是被老師批評，就是跑題，但都是很好的成

長經歷。之後做論文、做創業專案，我發現和做作品是同樣的套路，都是在前期構建好框架，在後期經歷種種過程，最後都會很好的完成，所以現在很少陷入情緒的糾紛之中了。

步驟 2 我喜歡的偶像，都是經歷過一段練習生和閉關階段的

我發現自己很喜歡努力又謙卑的人。她們在強大的壓力之下可以堅持自我，有很強的意志力堅持練舞、學習。直到出道了，還可以保持初心，雖然她們在被黑粉攻擊時也有悲傷、停滯的時期，也會自我懷疑。但最終都會堅強的成長起來，心理素質都很好。還可以坦然面對別人的批評甚至微笑著回覆，到後面可以近乎無視，專心做自己的事業。我覺得有被黑經歷的她們，承受了很多，卻沒有被打倒，反而堅持自己初心的那條路，也沒有被這個行業的黑暗所汙染，所以我很喜歡那樣的她們。

步驟 3 理想自我可能經歷的過程

❶意識：開始進行一件事，也可能是進行一種轉變，都是源自於自己有想要去做的意識和欲望。

❷構建框架：這個過程是枯燥的，但也是極其重要的，所有後續方向都要和框架對照，不

能有太大的偏差。

❸邁出第一步：對我來說，邁出行動的第一步是很費時間的事情，很多時候，我都會在這一步開展前做很多不必要的預設和建設恐懼。最合理的方式是做一些適當的方向設定，不需要深究細節，立刻行動，不要再想啦～

❹面臨別人的評價：當做出一定成果時，總會收到老師或是朋友好或壞的評價。這時候就要調整好自身的心態，去對照自己的行動框架——是否與別人的建議相符、是否要調整方向、明確自己想要的，第二次堅定自己的目標。

❺沉浸式行動：結合對自己的了解設立沉浸式的階段行動、設立一定的小範圍目標。前期分配好內容就放下思慮，馬上投入、進行，這個時候很容易進入一種「心流」*的狀態，往往是最有效的行動方式。

❻累積復盤：每次在小範圍任務的成功，都會累積一些經驗和思考，這時候把之前幾個小範圍捆成一捆，並且綜合進行分析——放在一起比較、思考。同樣，結合之前的框架，做出一些適當的更改。

❼透過專家意見反覆修整：這個階段，當自己都挑不出毛病的時候，就要去問問專家，然後再次修整更改。

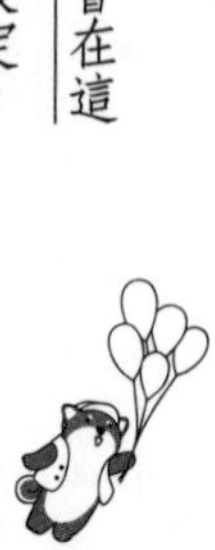

以上是根據我本人的性格所分的幾個板塊，每次經歷以上步驟，總能再次加深對這個過程的理解，又有新的認知或是會結合自己的成長去掉一些約束。不斷往復的過程，讓我的「精熟力」有所提高。在我看來，自己還有很大的進步空間，所有懷疑和不認可也都源自於沒有感受自己的內在力量。其實，我現在正好處在停滯和否認期，這段時間確實沒有與自己對話，也確實沒有冥想與內在連接，只是一味的沉迷在影片和物質享受中。所以我接受現在的現狀，放下對過去的批判和懷疑，就現在，感受內心的指引。最重要的是，將理想的自己落實到現實世界中，自然而然的，給自己時間、沉浸在想做的事情中。

* 匈牙利裔美國心理學家米哈里·契克森米哈伊（Mihaly Csikszentmihalyi）所提出的概念，「心流」是一種專注、完全沉浸在當下活動與事情的精神狀態。

Chapter 11

為什麼我一點也不覺得自己漂亮、有魅力

改寫人生腳本的第六步，重啟「吸引力」

能不能定義你自己，顯示你的自我整合程度

首先，我們來做一個小遊戲，名字叫作「素描一個我」。我會提出五個問題，請你參考括號裡的選項，逐一回答——回答的內容不限於括號裡的項目。回答完所有問題後，請將這些問題的答案按照「我是一個怎樣的男人／女人／雙性人（或其他你認同的性別角色類型）」的方式串聯成一句話並記錄下來。注意結尾要以你認同的性別類型結束。

好，遊戲開始：

❶你的穿衣風格是？（參考選項：前衛、時尚、性感、可愛、樸素、運動、休閒、職業、舒適、自然等等。）

❷你的性格類型是？（參考選項：溫柔、直率、易怒、急躁、平和、冷靜、溫文爾雅等等。）

❸你的說話風格是？（參考選項：柔聲細語、滔滔不絕、不慌不忙、少言寡語、言簡意賅、囉哩叭嗦等等。）

❹你的做事風格是？（參考選項：雷厲風行、慢條斯理、毫無頭緒、隨心所欲、風風火火、堅定執著、大刀闊斧等等。）

❺你對自己的整體評價是？（參考選項：魅力無窮、簡單平凡、閃閃發光、低調謙遜、傲慢自大、目中無人等等。）

現在，請按照順序將這五個問題的答案串聯成一句話，比如：

我是一個穿衣前衛、性格直率、說話滔滔不絕、做事隨心所欲的閃閃發光的女人。

不同的人可能會形成不同、獨特且有趣的組合。

完成後，請再分別用「我想成為怎樣的男人／女人／雙性人等等」，以及「我不想成為怎樣的男人／女人／雙性人等等」，各完成一句話。例如：

我想成為穿衣幹練、性格柔和、說話慢條斯理、做事不慌不忙的魅力無窮的女人。

我不想成為穿衣邋遢、性格急躁、說話囉哩叭嗦、做事猶豫不決的自卑可憐的女人。

全部完成後，可以把三個句子放在一起對比一下，看看自己的想法和感受是什麼。

我們每個人的自我，不僅是由「我是誰」構成，也是由「我不是誰」以及「我想成為誰」構成。**如果你發現自己可以愈輕鬆、愈容易、愈肯定的完成以上語句，並且你寫的「我是誰」與「我想成為誰」愈接近，與「我不想成為誰」愈相反，就表示你已經良好的完成了自我整合。**如果你在完成的過程中感覺定義自己很困難、很猶豫、很不確定，或者「我是誰」與「我想成為誰」距離很遠，與「我不想成為誰」距離很近，就表示你還沒有良好的完成自我整合。另外，你也可以感受你描述「我是誰」和「我想成為誰」的語句，與你的「男人」、「女人」，或「雙性人」等性別身分放在一起是否和諧。你的感覺愈和諧，也代表你愈好的完成了自我整合。

你也許會很好奇，為什麼這個練習一定要以「男人／女人／雙性人等」性別角色結尾呢？這是為了引發你對自己在青春期時，對性以及性別發展的關注。

青春期，整合自我的關鍵時期

前面我們說過，孩子在六、七歲時，就透過「聽故事」認出了自己，找到了自己的腳本結局。在後續的歲月中，孩子逐漸學會每天怎樣生活、怎樣做事，從而走到那個結局。青春期時，孩子的腳本結局和腳本道路都已準備完畢，即將進行一次非常真實的帶妝預演——就像春晚真正播出前的正式彩排。也許仍舊很倉促，但時間已到，孩子必須將之前學到的一切整合在一起，完成進入成人世界前最重要的準備。預演過後，孩子會根據預演的感受對腳本做出一些修改，之後，便會定稿。

對每個人來說，青春期都是非常不容易的時期，也是我們發展自我整合的力量、學會釋放魅力的階段。這個時期的我們將經歷人生中極為特殊的一些事件：

首先，我們的身高和體重在快速增長，我們將第一次平視曾經仰望的巨人，甚至俯視他們。我們的身體擁有了力量，具備了與大人抗衡的可能性。就像伯恩在書中所說：一個青少年摔門而去，比一個幼兒摔門而去要可怕得多。

其次，隨著性的發育和成熟，我們具備了生育能力，在以學業為重的學校環境下，如何在異性面前展現自己、如何面對強烈卻難以啟齒的性慾，成為困擾很多青少年的難題。

另外，隨著身體和生理發展趨於成熟，我們渴望他人能夠以對待成人的方式對待我們，並渴望盡快在成人世界找到位置、扮演角色。但另一方面，我們的思考模式、情感和獨立性的發展，還遠跟不上身體發展的速度。渴望獨立的我們仍然不得不依賴父母，像小孩子一樣被管教和約束。因此，青少年的內心具有很強的矛盾感和壓抑感。幼稚還是成熟、順從還是反叛、保守還是性感，一對對矛盾擺在我們面前，等待我們給出答案。

如果父母和周圍的大人能夠協助青少年，和諧統一內心不同部分的能量，那麼孩子將獲得整合的力量，否則他的內心將是糾結、分裂和矛盾的。例如，父母在管理孩子的同時，也可以給他們一定的自主權，允許他們為自己負責；父母允許孩子打扮得美麗、帥氣，富有女人味或男人味，同時，也可以教會他們正確的兩性交往態度和自我保護意識。當孩子內心有了空間，就可以利用之前發展的智慧，找到容納矛盾的方法。如果孩子被要求只能以某種方式行動（例如，現在還不是打扮的時候，要把心思放在課業上），那麼孩子往往會二選一，要麼自作主張，要麼乖乖順服；要麼性感狂放，要麼對性極其排斥。最終，不是變得格外壓抑、順從、自我否定，就是會格外放縱、藐視權威、在性方

面不加限制。

因此，**在青春期，允許孩子恰當的發展自主性以及與自身性別相關的性感和魅力，對他們整合自我非常重要。**這會為他們進入成人世界後敢於為自己做主、敢於散發自身魅力打下重要基礎。反之，青少年將很難成長為能夠良好自我管理，並能夠恰當展示自身魅力的成年人。下面，我們來看一個案例。

案例14 為什麼就是不知道該如何與異性交往？

小果是一位已經年近三十歲的女士，家裡人經常催她結婚，但她卻感覺自己並沒有這方面的需要。在她的感覺中，似乎沒有必要對人區分男性和女性，因為她覺得「男性」和「女性」除了直觀上的生理差異外，並沒有什麼不同。她很難感受到自己身為「女性」的感覺，也很少體會過戀愛和性衝動。在她看來，好的人生發展就是找到一份好工作，並不斷追求進步。然後，找到一個與自己匹配的丈夫、組建一個家庭，完成世俗意義上應該做的事情。她在戀愛結婚方面遲遲沒有行動，是因為她不知道應該怎樣開始和男性交往，以及如何在交往中與他們保持身體和情感上的親密。她也不知道應該怎樣展現自己的女性面。與男性打交道時，她常常以沒有性別的方式與他們互動，很少從兩性角度表現出對他們的興趣，周圍的男士似乎也對她沒什麼興趣。

案例中的小果，生活在父母管教很嚴苛的家庭，即使已經逐漸成年，父母也從未放手、鼓勵她真正長大。青春期時，由於她與同學關係不理想，加之父母間複雜的婚姻危機，她從那時起便決定將自己與性議題（例如，展示自己的美麗、性感，建立戀愛關係）隔絕。她只會從社會規範的角度考慮「男大當婚、女大當嫁」，但從未允許自己體驗對異性充滿吸引力的感覺，也從未體驗過與異性交往的渴望感及性方面的衝動。與性相關的內容始終被她排斥在外，因此，她無法充分自我整合，也無法感知自身的魅力所在。相反的，另一位從小生活在鼓勵孩子長大家庭的女性，進入青春期後，父親會送她香水、口紅當作禮物，允許她打扮自己；母親也會陪她逛街買喜歡的衣服。她能夠深切感受到父母不僅為她長大成人而高興，也為她成長為一個美麗、富有魅力的女人而高興。

伯恩曾說：「美麗並不關乎生理上的特徵，而關乎父母的許可。」[20] 生理特徵只能讓一個人漂亮或上鏡，只有父親的笑容，才能使一個女人眼中散發出美麗的光芒（當然，我認為母親的笑容也具有同樣的作用）。我想，你一定見過一些人，他們的外型並沒有特別漂亮或帥氣，但他們會精心妝扮自己，由內而外散發著「相信自己很美」的自信態度，這種獨特的氣質讓你覺得他們相當有魅力，並且你真的會愈來愈感受到他們很美。相反的，有一些人從外型來看很漂亮，卻不會妝扮自己，也無法顯露出相信自己很美的氣質，甚至還常常畏畏縮縮。前者屬於擁有「美的許可」，而後者則沒有。長久以來，在大多數人心目中，「喜歡打扮」似乎都是暗含貶義的詞彙。青春期男孩、女孩若注重個人形象，往往被視為臭美和不務正業的表現。漂亮的女性又往往與「危險」相連，例如：漂亮的女性容易被人「盯上」而遭遇危險；漂亮的女性容易像妲己*一樣迷惑他人，成為紅顏禍水。另外，出於「亂倫」禁忌，異性父母也常常會迴避青春期男孩、女孩與性相關的發育和變化。正是這些原因，不少人在青春期很難恰當的發展與自身性別相關的性感和魅力。

* 商朝最後一任帝王的王后，根據正史記載，妲己由於自身美貌受到商王帝辛專寵，並將妲己視為商朝滅亡的元凶，因此妲己成為了「紅顏禍水」的代名詞。然而也有學者提出這是後人對帝辛與妲己的抹黑。

找回「重返青春期」的感覺與心境

現在，我邀請你回顧一下自己的青春期。你覺得自己獲得了足夠的自主嗎？你看過父母眼中對你散發出欣賞的笑容嗎，還是感覺父母會忽視甚至嫌棄你與性相關的發展呢？你覺得自己的內心是整合的，還是分裂、矛盾的？如果你已經擁有了自主和美的許可，以及整合的內心，祝賀你！如果沒有，也不要緊，我們可以再次學習自主和性感，更好的整合自我。需要注意的是，這裡的性感不僅包含字面含義——與性相關的吸引力，也包含一個人具有的獨特氣質和個性魅力。

潘蜜拉・萊文認為，當我們進入青春後，會快速把之前的五個階段再發展一次，實現整合與再生：十三歲時，因為身體發育需要吃得更多、睡得更多，會再次體驗到被照顧、停止行動以及與他人保持親密連接的需求。之後，會開始做很多嘗試和探索，十四歲左右，會因為需要發展更高水準的思考和獨立，開始人生的下一個叛逆期，回到「想說不」和「打破界限」的狀態。十五歲左右，開始將與性相關的議題，整合入「我是誰」、「我的人生是怎樣的」等問題，並透過兩性間的互動尋找答案。十六歲左右，會透過打破依賴的關係，主動越過父母、老師等成人教授的方法與價值觀，來建立成熟的

自我。

按照潘蜜拉・萊文的估算，年齡處於十三至十八歲的倍數時，是自然循環路徑中重返青春期的階段[21]。另外，人生中發生的一些事件，也會激發我們回到青春期的感覺和心境中，給予我們再次發展自主與魅力、實現整合的機會。例如，當你看了某部青春偶像劇、結識了年輕的朋友、參加初、高中同學的聚會時。總體來說，如果你在某個時間產生了以下感覺，就進入了重新整合自我，重啟吸引力的好時機：

感覺1 感覺自己很天真、很青春。

感覺2 常常想找一個地方發呆、閒著，例如咖啡館。

感覺3 關注性、與性有關的情緒、如何性感等議題時。

經典電視劇《北京青年》*被稱為「青春三部曲之一」。男主角何東二十七歲，畢業後當了五年公務員。他一直按照父母的期待過著千篇一律的生活。某天，他看了一齣節目，節目中一位年輕女孩講述了自己到各地旅行，透過旅行中遇到的人和事擴展了眼

* 於二〇一二年首播，內容描述四位北京青年為了各自的理想努力工作、經歷愛情考驗、生命洗禮等等故事。

界和胸懷，感受到了內心的喜好，從而變得更快樂。女孩的分享觸動了何東，他辭去了公務員的工作，換掉了古板的服裝和髮型，到戶外主題餐廳打工，之後和兄弟、朋友幾人開啟了邊旅行邊謀生的青春之旅。在影片中，他有一句經典名言：「重走青春。」這其實就是人的發展再次循環到青春期的表現。

允許自己長大成人、允許自己成為所認同的成熟性別角色

那麼，我們可以怎樣提升自主，敢於展示性感與魅力，從而完成自我整合呢？最重要的思考模式就是「允許自己長大成人，並允許自己成長為成熟的男人／女人（或其他你認同的性別角色類型）」。在這個過程中，有三個要點需要注意：

❶允許「兒童自我」長大

你需要意識到，現在的自己不再是仰望父母的孩子。你和父母在身體層面的平等，也帶來了思想與權利的平等。現在的你不需要外表成熟、內心幼稚。表裡如一的時候到了！你的身體不僅成長為大人，心智也可以成長為大人。你需要看到、接受並好好利用

自然賦予你的這份力量。

❷區分「我想做的」和「別人希望我做的」

自主，簡單而言，就是「為自己做主」。能夠自主的人，才能夠成為擁有魅力的人。那麼，可以如何提升自主呢？有一個小技巧，我把它叫作「暫停三問」。這是指每次在做選擇之前，先在頭腦裡暫停片刻，然後問自己以下三個問題：

問題1 這是我自己想做的事嗎，還是別人希望我做的？

問題2 我在迎合別人的需要嗎，我有沒有貌似自己在做決定，但其實是在聽從別人的建議？

問題3 此刻，來自他人的聲音是什麼，而我內心真實的想法又是什麼？

只有敢於說出：「我聽到你說了什麼，但我有自己的想法，我的想法是……」時，才有可能實現自主。當你開始使用這個小技巧時，隨著練習，會變得愈來愈熟練。我們來看一個例子：

案例15 為什麼我們總是不敢依照自己的想法去做？

一位男生在大學畢業後就進入了國營企業工作。這份工作看起來非常體面，但對他來說卻很無聊，薪水也不理想。他很想辭掉工作、尋找新的可能性。但每次冒出這個想法，家人的各種聲音就會向他襲來：「這個工作不是挺好嗎！再找還不一定比這個好呢！你找不到工作怎麼辦！怎麼生活！……」每當這些聲音出現，辭職的想法就被一拖再拖。他過得很壓抑，但卻缺乏力量做出自主的決定。他發現其實不僅是辭職一件事，生活中還有很多事他都不敢依照自己的想法去做。之後，他開始刻意從生活中的小事去覺察、去練習：當朋友建議去哪裡吃飯時，他會停下來問自己：❶我是真的想去這裡吃嗎？❷我有沒有在迎合朋友的需要？❸我真正想吃的是什麼？當同事一起討論分工時，他也會停下來問自己：❶分配給我的工作是我願意做的嗎？❷我有沒有在迎合同事的需要？❸關於工作分配，屬於我的真實想法是什麼？……雖然他不能每次都做得很好，但就這樣在一件又一件日常生活事件中，學習分辨他人的想法和自己的想法，並學習如何支持自己。大約經歷了兩年的時間，他終於感到自己獲得了

足夠的力量，可以做出屬於自己的人生選擇。

❸允許自己表達性感和魅力

允許自己表達性感和魅力，也意味著允許自己積極嘗試，成長為具有獨特風格、亮點和色彩的男人或女人。你可以從改變自己的服飾、髮型、聲音、姿態等方面開始練習。這裡我想強調的是，練習表達性感與魅力並非指一定要向傳統的男性或女性形象發展（例如，強壯的男性，溫柔的女性），而是去大膽嘗試那些你想擁有但感覺自己很難做到的特質。例如，有的女性特別渴望自己穿著美麗的裙子，優雅大方的說話、做事，但實際的模樣總是穿著運動裝風風火火的跑來跑去。這並不是說，所有女性都應該穿裙子，表現得優雅大方，而是說，如果那是你內心渴望的、想要的，即使感覺陌生，也要勇於嘗試。再比如，有些男性總是覺得自己很嚴肅、緊張、無趣，工作單位有活動時，總是與身邊的人尷尬得不知道該說什麼，但內心其實很渴望自己能夠放鬆、幽默的與別人談笑風生，展現出自己的魅力。此時，他就需要啟動精熟力，去觀察、學習、練習，敢於成為那樣魅力四射的男人，而不是緊張羞怯的小男孩。

透過上面這些嘗試，你可以從以下四方面完成更好的整合：

方面1　整合自己與他人關係：你可以傾聽別人的想法，表示尊重。如果有建設性的部分，可以吸收接納；同時也會尊重自己的心聲，在關係中做到「我好－你也好」。

方面2　整合自己性與非性的面向：你可以將與性相關的自我認識，與已有的自我認識進行整合，形成更完整的自我認知。

方面3　整合真實自我與人格面具：你將因為能夠自主而不需要偽裝自己、迎合他人，允許真實的自我與從人格面具背後走出。

方面4　整合現實自我與理想自我：隨著自主發展及不斷確定心中的理想自我，你能夠利用其他階段發展的各項能力，讓現實自我與理想自我不斷靠近，從而實現內心和諧與自我認可。

練習 6

魅力嘗試：展示一次與自己性別相關的魅力

本章我邀請你完成的練習是「魅力嘗試」——展示一次與自己性別相關的魅力。

步驟1 想一想你目前還不太具備，但內心又渴望具備的與性別相關的一種魅力。不要一下完成巨大的轉變，例如瘦十公斤，而是完成在一天內可以嘗試的內容，例如：塗鮮豔的口紅、燙頭髮、打耳洞、穿職業套裝、溫柔或幽默的說話等等。

步驟2 找機會完成以上內容，最好可以把完成的情況用影片、錄音，或圖片的形式記錄下來。

步驟3 回顧、反思並且記錄下整個嘗試過程中的感受。

學員分享　秦藝菲：

之前，因為很多年都不認同自己的女性身分，穿衣打扮都是中性風格，顏色都是黑、藍、灰，也幾乎不穿裙子。跟女性有關的蕾絲邊、百褶裙、短褲、窄裙、性感內衣、絲襪、口紅、眼影等等從來都不碰。學習之後我嘗試改變，衣服顏色開始多了肉粉色、杏色、綠色，少了黑色、灰色。有件花色的睡裙，買了一直沒怎麼穿，前幾天家居服沒得換了，就拿出來打算穿上，但猶豫一下還是放回去了。心裡的聲音還是覺得自己不夠女人，穿著心裡彆扭。學完這堂課後，昨天晚上又拿出來穿上了，兒子說媽媽真漂亮。剛才認真看了一下，也覺得自己穿起來挺漂亮，很欣喜。其實從一件簡單的小事改變，也會給心理莫大的安慰和鼓勵。改變從小事做起！

學員分享 張桂書：

聽到性別魅力的部分，我的心情是沉重的，因為在我的意識裡，女人愛打扮就是不好的、是風流的、是壞女人。長大後被人說長得好看，我竟然會覺得羞恥，所以我總是素顏，穿衣服也相當保守，雖然平常會買很多化妝品，但彩妝部分總是買了放過期，再買，再放過期。我想要深深的找到這個問題的根源，慢慢解放自己的性思想。今天，我很認真的塗了放在包包裡的口紅，平常只有參加聚會才會用。雖然僅僅是塗了薄薄一層顏色，但是看著鏡子裡的自己，整個人都顯得有精神了，臉部的五官也變得精緻，氣色也好了很多，心情也變得美美的。下班路

上，我自信的抬著頭，碰見熟人也更願意打聲招呼，彷彿我和整個世界融為一體，一掃這幾天的挫敗和自卑感。我感到自信、喜悅，還有對未來美好生活的期待。

結語

找回整合自我的能力，形成自己的獨特風格與魅力

這一部，我們探討了腳本發展經歷的六個階段，以及每個階段需要發展的能力。從出生開始，如果你逐一發展出了存在力、行動力、思考力、認同力和精熟力，就可以在青春期加以整合，形成獨特的風格和魅力，準備好在成人世界找到恰當的位置和取得成功。

根據這一部的學習和討論，你可以利用第一六六頁的「腳本年輪」圖對自己的腳本發展進行總結：在已經發展得較好的能力上，塗上喜歡的顏色；在需要重啟的能力上，塗上能夠自我鼓勵的顏色。

如果你的某種能力在第一輪發展中已經發展得很好，祝賀你，那個階段的你是幸運的！如果你的某種能力在第一輪發展中沒有得到充分發展，也不要驚慌。成年後，我們

總有機會再次重啟每種能力！

當你感到對什麼事都提不起興趣、能量枯竭時，可以重啟「存在力」；

當你做事猶豫又拖拖拉拉、想突破現狀又缺乏行動力時，可以重啟「行動力」；

當你缺乏獨立而鮮明的個人觀點、無法既能有效表達認同，又能有效表達反對時，可以重啟「思考力」；

當你對自己想成為怎樣的人感到迷茫時，可以重啟「認同力」；

當你不知如何解決問題、達成所願時，可以重啟「精熟力」；

當你感覺自己缺乏個人風格與魅力時，可以整合自我，重啟「吸引力」。

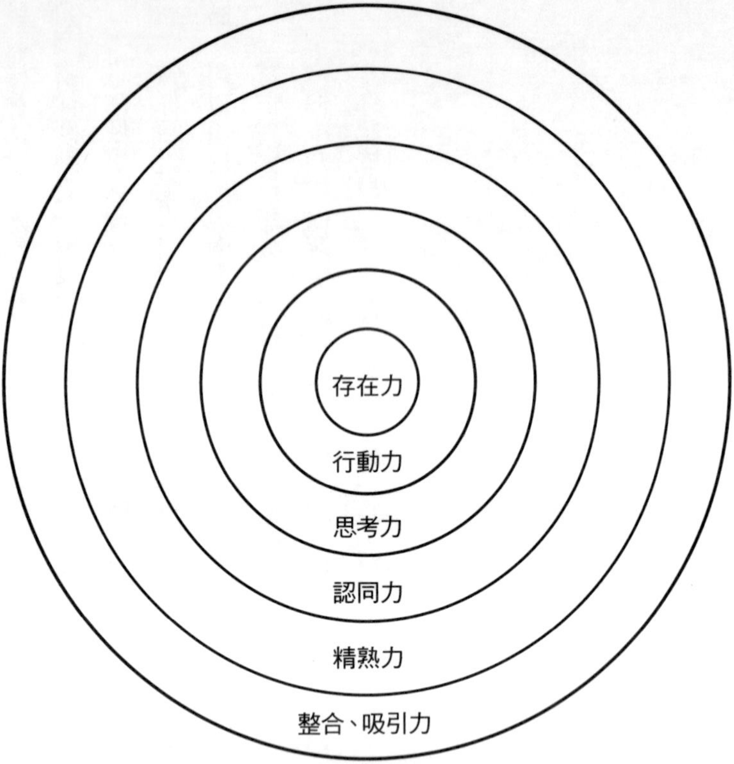

請在已經發展得較好的能力上，塗上喜歡的顏色；
在需要重啟的能力上，塗上能夠自我鼓勵的顏色。

Part III
放下執念，重寫你的人生腳本

我們每個人既然來到這個世界，自然都渴望擁有幸福的人生。然而，幸福的活著並不容易，從客觀情況來說，我們已經經歷了許多真實的磨難，例如：洪水、地震、海嘯、疫情、森林大火、車禍、貧窮、親友離世等等。不健康的腳本更像我們主觀創造出來的磨難：我不重要、我不被愛、我不夠好、我很失敗⋯⋯。

從本質來說，我們每個人都渴望擁有幸福和滿足的人生，但一些消極事件的發生，可能會使人們不敢再有這種奢望，轉而痛苦或不滿足的活著。伯恩曾做過一個形象的比喻：「一疊硬幣垂直疊在一起，如果突然有一枚硬幣歪了（創傷事件），那麼，後面再疊起來的硬幣，就會朝歪的方向增長。」

本書第二部，我們了解在人生第一輪發展中，腳本形成會經歷的六個階段，以及孩子若想形成健康的腳本，環境需要支持他在每個階段發展出怎樣的能力。如果正常發展受到阻礙，對孩子來說，屬於創傷經歷。

在第二部，我也邀請你嘗試了一些很小但很重要的練習，試圖透過這些練習幫助你拿回還未充分發展的能力，把那些「歪掉的硬幣」擺正回來。第三部則提供了重寫人生腳本所需的七項重要技能，它們可以幫助你在日後持續自助：當你不小心再次走到「硬幣歪掉」的方向時，能夠及時擺正；「擺正」後，能夠維持穩固的狀態，不再那麼輕易又「歪回去」。

一疊硬幣垂直疊在一起，
如果有一枚硬幣歪了（創傷事件），
那麼，後面再疊起來的硬幣就會朝歪的方向增長[22]。

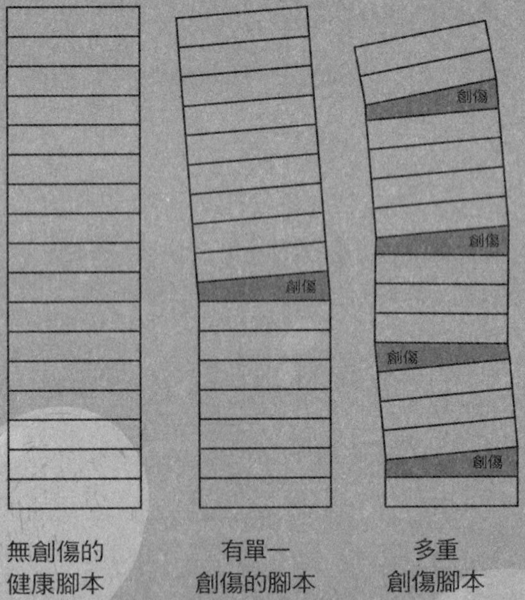

Chapter 12

在我的心裡，總是無法鼓勵、肯定自己

學會與腦中負面的聲音說再見

腦中的聲音，如何影響我們的感受與情緒

在日常生活中，你是否留意過「我們的腦中充滿了各式各樣的聲音」？例如，當你點了一份很好吃的披薩，聞到了它的香味，雖然沒說什麼，但腦中可能會飄過一句：「好香啊。」當你走在擁擠的道路上，不小心踩到了前面的人的鞋，你可能馬上會說對不起，並同時在腦中響起「太尷尬了」的聲音。再比如，你現在坐在安靜的房間裡，突然聽到意料之外的瘋狂音樂，腦中可能又會立刻出現「什麼鬼」的聲音。

我們腦中的聲音在不斷上演，數量巨大，幾乎無窮無盡。如果你不信，可以試試下面這個小遊戲：用你的左手抓住右手的食指。感受一下左手正在對右手食指說什麼？右

手食指又在回應什麼？如果你仔細傾聽，很快就會發現它們正在你的腦中進行著有趣且生動的對話。你聽到了嗎？

腦中不同的聲音會帶給人完全不同的感受。下面有十句話，請想像這十句話是你對自己說的，並體驗當你聽到這些話語時，自己的身體感受和情緒感受。好，我們開始：

❶這個想法真不錯！	❻你看看別人，再看看自己！
❷別慌，慢慢來。	❼動不動就哭，太脆弱了！
❸你真是受委屈了。	❽絕對沒有人喜歡你。
❹出點錯沒關係，下次可以做得更好。	❾趕快放棄吧！
❺很棒！繼續加油！	❿你永遠都這麼糟。

我相信你很容易就可以發現，上面五句是帶有關愛、理解和讚美的話語；下面五句是帶有批判、否定和貶低的話語。聽到這兩類聲音，你的身體和情緒感受，有什麼不

同？如果是我，聽到前一類話語，我會感覺心情愉悅、身體放鬆；如果聽到後一類話語，我會感覺洩氣、憤怒，胃不舒服，並在腦中開始反駁。你又是什麼感覺呢？

認識你腦中的「父母」、「成人」、「兒童」自我狀態

「腳本理論」所屬的「溝通分析心理學流派」認為，我們每個人都有三種自我狀態，分別是「父母」、「成人」和「兒童」。顧名思義，**「父母自我狀態」指的是在成長過程中，我們在大腦裡原封不動記錄下父母或其他重要他人的思考模式、行為方式和情感表達方式。**簡單來說，就是我們會發現自己在某些時刻，突然活生生的變成自己的爸爸、媽媽或其他某個重要的大人（例如：爺爺、奶奶、大伯、姑姑、老師等等）。我們的思考、行為和情感表達方式與他們一模一樣。例如：當我們對孩子、弟弟妹妹或朋友說教時，很容易就會用父母曾經對待我們的方式來對待他們，這時我們就處於父母自我狀態。

「兒童自我狀態」很簡單，就是指我們雖然已經二三十、四五十甚至七八十歲了，但在某些時刻，我們的思考、行為和情感表達方式和幾歲的自己一模一樣。簡單來說，

就是雖然你的外表是個大人，但某個時刻，你的思考和心態突然變成了幾歲的自己。例如，你花很便宜的價格買到了一樣很棒的東西，你覺得自己很幸運、很得意，就跑去和別人炫耀。此時，你的思考、行為和情感與你小時候和小朋友炫耀新玩具時是一模一樣的。再比如，當你被指責時，如果與小時候受到責備時的緊張無措是一樣的，這時，你就進入了兒童自我狀態。

「成人自我狀態」指的是：你處於當下，思考、行為和情感表達方式與你的年齡匹配，對當下的環境適宜。你根據當下環境的要求及自身狀態，不斷做選擇、做判斷，以求最好的解決問題方法。例如，你正在一邊看書，一邊理解這三種自我狀態及其對自己的適用性，就是處於成人自我狀態。

你覺得此時此刻的你，處於什麼自我狀態呢？如果你是在認真理解、加工我介紹的這些訊息，很可能是在成人自我狀態。如果此刻你正在腦中說：「這是什麼呀，是抄精神分析的本我、自我、超我吧。」你可能處於批評式的父母自我狀態，就好像你的父母在質疑某事的樣子。如果你此時的反應是：「啊，好煩啊，看不懂，不想看下去了。」你可能是處於煩躁的兒童自我狀態。

認識三種不同的自我狀態，可以幫助你覺察腦中不同的聲音，以及不同聲音的來源。要想自主建構起滿意、精采的腳本，我們的三種自我狀態需要協調運作：首先，我們的兒童自我要感到安全、愉悅，這樣我們才會有好奇心和探索欲，才願意積極嘗試；其次，要想擁有這樣的兒童自我狀態，離不開父母自我狀態的溫和友善、包容理解，即使有所責備，也是善意提醒，而不是惡語相向；最後，我們的成人自我要一直處於運作的狀態，不斷評估環境的要求和自己的需求，從而做出最佳選擇與判斷。舉例來說，已經到了休息時間，但你還在追劇。這時，你腦中的各種聲音就會開始活躍。兒童自我說：「我不要睡，我還要看！這麼好看，我必須看完。」父母自我說：「別看了，快去睡覺！明天起不來，你又會自責！」如果你的成人自我足夠強大，就會跳出來主持局面，說：「兒童自我，你說得對，真是非常好看！父母自我，你也有道理，已經很多次了，她確實是看劇一時爽，第二天又起不來。現在，我做出決定，邊看邊刷牙洗臉，半小時後不管演到哪裡，都到此為止。」所以，你看到了嗎？從表面上來看，你只是在那裡看手機，但其實，你的腦內早就上演著另一齣精采的戲劇。**良好解決問題來自成人自我傾聽與接受父母自我和兒童自我，並根據環境要求，做出每一方都支持的決定。**

以上描述的是理想情況。在現實生活中，很多人的這三種自我狀態並不能相互協作，典型情況有兩種：

情況1 **憂鬱**。一個人的父母自我對兒童自我說：「你不好，你不行。」兒童自我說：「對，我就是這樣。」成人自我說：「我也不知道該怎麼辦。」

情況2 **憤怒**。一個人的父母自我對兒童自我說：「你不好，你不行，你必須按照我的要求去做。」兒童自我說：「我憑什麼聽你的，我就是不要。」成人自我說：「我也不知道怎麼辦。」兒童自我堅持與父母自我鬥爭，然後引來父母自我更強的責備和控制，接著又是兒童自我更強烈的反抗，也因此陷入惡性循環。

兒童自我對父母自我無論是順服，還是反抗，還是交替進行，若成人自我都不管不問、不主持局面，就會導致我們陷在不同自我間的否定、質疑或衝突中，不斷內耗。

覺察你腦中的六種聲音，不再內耗

接下來，請你回歸自身，感受一下自己腦中經常聽到的聲音。你可以回顧你正在閱讀本書的這一天，到現在為止，你的這一天過得怎麼樣？你如何評價呢？想一想你的腦

中都出現了哪些聲音，其中有哪些是來自父母自我？哪些是來自兒童自我？你的成人自我有沒有出來主持局面，給自己一些中肯的評價呢？

我們先以暢暢的一天為例，看看這個「他」，腦中都啟動了哪些聲音：

今天，他起得有點晚，遲到了十分鐘，腦中最先啟動的是父母自我批評的聲音：「今天又太晚起來了，不該這樣的啊。」天氣有點冷，中午他買到了一份熱騰騰的美味米粉，腦中啟動的是兒童自我的愉悅聲音：「太好吃了！生活真美好！」下午，他收到通知，說他做的企劃成效很糟，幾乎沒有引起任何注意。他的兒童自我又出來說：「我真是太糟了，可能根本不適合這份工作。」接著，他的滋養型父母自我說：「沒事的，雖然你已經累積了一些經驗，但還是有很多地方要學，你沒有那麼差。」他的兒童自我感覺好了一些，之後成人自我開始運作，說：「一直沮喪是沒用的，我還是要找到問題，不斷提升自己的能力才行。」於是，他去找同事討論企劃到底哪裡出了問題。快下班時，他覺得自己非常疲憊，兒童自我又出來說：「我好累啊，我想休息，不想工作了。」但是他的批評控制型父母自我又出來說：「該完成的任務還沒有完成，不能休息，把今天的任務完成後再休息！」他的兒童自我又不開心的說：「我不想工作……。」

就像這樣，你可以回顧並感受一下自己的這一天「腦中有哪些聲音出現」。更詳細來說，我們腦中有六種聲音，分別來自：養育型父母自我、控制型父母自我、順從兒童自我、叛逆兒童自我、自由兒童自我，和成人自我六種狀態。他們的含義和它們的名字一樣容易理解。

- **養育型父母自我：**當處於養育型父母狀態時，我們會對他人或自己表達關心、照顧、理解。
- **控制型父母自我：**當處於控制型父母狀態時，我們會對他人或自己表達指責、要求、控制。
- **順從兒童自我：**當處於順從兒童狀態時，我們就是小時候的乖孩子，配合、聽話、不敢反抗。
- **叛逆兒童自我：**當處於叛逆兒童狀態時，我們就是個叛逆、敵對、和大人鬧彆扭的孩子。
- **自由兒童自我：**當處於自由兒童狀態時，我們就是自然的、放鬆的的孩子，能哭能笑，能玩能鬧。
- **成人自我：**當處於成人狀態時，我們的思想、行為和情緒表達都與年齡相當，關

注於獲得訊息和解決問題。

你可以想一想，今天一整天，你聽到最多的兩種聲音來自哪種自我狀態，最少的又來自哪種自我狀態呢？

要想充分發揮我們在上一個模塊重新獲得的各種力量，並利用這些力量寫出精采的、滿意的人生腳本，離不開養育型父母的自我鼓勵，自由兒童狀態的靈動與放飛，以及理智的成人狀態對事態的穩妥把握。我把這種自我狀態的組合稱作「發展型組合」。而糟糕的人生腳本，基本上來自控制型父母的否定與苛責、順從兒童的唯命是從或叛逆兒童的憤怒、怨恨和報復。我把這種自我狀態的組合稱為「限制型組合」。

那麼，我們可以怎樣更常處於發展型組合，避免掉入限制型組合呢？一個重要的方法就是持續覺察腦中的聲音，當意識到消極的聲音出現時，學會叫停和替代。

由於腦中的聲音太多、太頻繁，我們常常對它們十分適應且不自知，這會導致我們在很多時候只是感覺不好，但不能清楚捕捉到它們。我們來看一個案例：

案例16 為什麼隱隱的失落和失敗感總是伴隨著我們？

培訓師小哲剛完成了一場培訓，雖然整體效果很不錯，但在結束時的一個瞬間，他的感覺開始變得不好，有一種隱隱的失落和失敗感。他也說不清楚為什麼有不好的感覺，總之就是覺得自己沒有做好。

後來，他仔細覺察，想起自己在培訓結束時看了一眼手機，時間比預期晚了六分鐘。他發現，就是從那一刻開始，自己的感覺變得不好了。他腦中閃過的聲音是：「超時太多了，一、兩分鐘還可以接受，六分鐘就太長了！」正是因為這個聲音，他感到自己的培訓沒有完美落幕，才感覺自己失敗了。

案例中的這位培訓師小哲對自己一直有「要完美」的要求，他的父母也一直強調事情只有做到完美才是正確的。他也認為只有做到完美，才能體現自己的價值，否則自己就是不重要的、沒有存在意義的。因此，他內心常常用控制型父母的聲音苛責自己。每一次犯了錯，他都會感到自己很失敗、很沒有價值感。這一次，他及時做出了調整，用

養育型父母和成人自我的聲音替代了控制型父母的聲音：「這個培訓教室沒有鐘錶，我沒辦法時時刻刻看手機，只能依據自己的感覺把握課堂，時差控制在十分鐘內已經很不錯了。另外，學員們結束時態度還是滿正面的，並沒有因延誤六分鐘而表達不滿意和不愉快。所以，我可以放下對自己的苛責，享受成功完成課程的喜悅。下次我也可以請主辦方準備一個鐘錶，更好的掌控時間。」調整之後，他的心情很快就好起來，開心和朋友聚餐去了，而且覺得自己做得還不錯，體驗到了成功感和價值感。

成功而滿意的腳本，就是用這樣一次又一次成功而滿意的經驗串聯起來的。**覺察腦中負面的聲音，替代為正向的聲音，你才可能鼓勵自己、認同自己，在不斷改進做法的同時體驗到成就感和滿足感。**然而，很遺憾，很多人都有「不要感到滿足」的禁止訊息，常常恐懼「一旦自己感到滿足，便不會再努力了」。其實，感到滿足與努力進步並非相互對立，我們可以一邊對做得好的方面感到滿足，一邊在不足的方面繼續努力改進。

練習 7

學會覺察你的腦中聲音，並且替換為正面聲音

在我過去的諮商和教學經驗裡發現，停止腦中的負面聲音，替換為正面聲音，是說起來簡單，做起來難的事。愈是具有破壞性的腳本，負面聲音就愈多。本章，我邀請你覺察腦中批判、苛責的聲音，並將其替換為滋養的聲音。苛責和批判，並不會為你改寫腳本帶來更多力量，滋養和鼓勵才會。

步驟1 請列出今天在腦中出現的，或者經常在腦中出現的三個批判型聲音。

步驟2 分別用滋養的聲音替代它們。替代的方法是找到自己不容易的方面以及值得肯定的方面。如果你很難做出替代，可以想一個常常給你支持和認可的人或你非常認同的影視作品形象，想一想他會對你說什麼。

步驟3 自己讀三次替代後的語言，如果可以，找一位或幾位信任的家人或朋友，由他再為你讀幾次。

完成練習後，反思你的體驗。

學員分享 **千翻兒：**

步驟1 經常出現在我腦海的批判聲音：

不要浪費時間，抓緊呀，你都幾歲了，還沒成功，這輩子很短呀！

你還不夠優秀，看那些偉人，你算什麼，這條路你不會闖出名堂！放棄吧，換一個！

你還不夠努力，你看你現在在做什麼，別人在做什麼，你怎麼和別人比，必須很努力！

步驟2 將上面的句子替換為：

你三十歲了，經歷了這麼多事情，對人生和世界的認識不是一個隨隨便便二十出頭的人能夠比較的。經歷了這麼多困難和折磨，你有很強的面對困難的勇氣和實現夢想的決心，以及合適的方法，不得不承認這就是你已經擁有東西呀。你背負著從父母那裡承擔下來的原生家庭問題，並且被父親拋棄，又遇到惡友。你一直不停努力思考和探索，並且順利讀完大學，這些年的輾轉生活後，還能保持學習進步已經很不容易了。沒關係的，你可以為自己而活，輕鬆自在的活，只要是真實的自己，也好過那些委屈的、壓抑的、強迫的、懲罰性的過去呀。慢慢來，不要急，慢慢加油。一天一天就會好起來的。

你從一個普通工人家庭裡出來，父母的學歷也不是很高，也沒有十分優秀的老師和細心指導你的人。求學和成長之路，又遇到這麼多生活變故。你憑自己的努力，寫了一手還可以的字，又自學吉他，能夠去當老師，能夠去酒吧演出，會跆拳道，自己還從無到有的創業過，也去這麼多公司實習過。在個人能力方面，工作經歷已經比一般人優秀了。你希望能闖出名堂，現在你才三十歲，還有很多機會，現在開始也不晚，親愛的，沒人能夠預知未來，包括你的明天，好好前進就會靠近彼岸的。

你經歷這麼多消耗你內心能量的事，還時時刻刻背負著心理壓力，在這種壓力下還得不停思考，被內心的皮鞭抽打著。像你這樣痛苦、受苦的人並不多。你已經很不容易了，且從未停止努力。從這些工作經歷和一麻袋多筆記本的思考，你已經很努力了，在實現理想和腳踏實地上，都付出很多，你從不貪圖玩樂，一直壓抑著個人感受，也算是非常努力的人了。孩子我們慢慢來，一步一步，活得精采有價值的同時，也獲得自在和真實。加油。

步驟3

讀完三遍後，已經眼角泛淚，我感受到小時候父母極度嚴苛和比較式教育的聲音，已經內化成為非常嚴厲、指責的內在父母聲音，壓得我喘不過氣來。而現實中的自己，已經是非常自律、優秀、美好的年輕人，但始終被這種聲音壓迫著。我感覺到我同時也是愛自己、心疼自己的，我為自己付出的努力而感動。我也相信，我會變得愈來愈好，而且，現在的我遠沒想像中那麼糟糕。和自己和解吧。

學員分享 棠棠：

步驟1

❶你不夠努力，那麼多比你優秀的人還比你努力。

❷你不夠好，不夠優秀。

❸他不喜歡你。

步驟2

覺得有點難。上面的話確實是批判，但我感覺也挺真實的。我甚至有點抗拒做這一步，不知道孫悟空戴久了緊箍，拿下來是不是會不習慣。

❶你不夠努力。

滋養的聲音：我知道你一直非常想做持之以恆、一以貫之的努力的人，也很欽佩那些努力勤奮的人。自己現在還沒有做到這種地步，但你也慢慢在努力了，耐心做好小事，耐心認識自己、去認同自己、去改變自己，這些都是需要付出耐心的呀。就像現在，你終於能有興趣和耐心看書了，不為了考試、不為了炫耀，只是自己覺得想看，這不是你一直想要的狀態嗎。什麼時候都不晚啊。

❷你不夠好。

滋養的聲音：你以後一定會很好的。你現在就挺好的。

❸他不喜歡你。

滋養的聲音：很多人都喜歡你呀。你的爸爸媽媽，你的姊姊們，你的姐妹們，還有同事們，很多人都喜歡和你相處呀。喜歡你的真誠柔軟，喜歡你的善解人意，喜歡你的有趣有哏，喜歡和你一塊玩。我們都喜歡你呀。

步驟3

讀第一遍的時候沒有太多感覺，讀第二遍的時候感覺有點哽咽，尤其是那句「你以後一定會很好的」，這是一個很重要的人對我說過的，我總想他那麼厲害又不撒謊的人這樣說，那就一定會的。讀到第三遍的時候感覺像和那個「他」對話，輕輕的摸摸他的頭、大大的抱抱他、拍拍他的肩膀，告訴他，你以後一定會很好的。

Chapter 13

生活在這個世界上，總是需要他人的問候與回應

接受他人的安撫，學會認可自己的存在

改變是個不容易的過程，需要持續行動並耗費很多心力。上一章我們學習了如何將消極的內部語言轉化為滋養的內部語言，從而為自己注入力量。本章，我們將學習如何善用他人的力量，促進自身的改變。

心理學史上有一個非常著名的「感官剝奪實驗」，一九五〇年代，心理學家有史以來進行的第一次「剝奪人類感官」的實驗。實驗者請參加實驗的人躺在特別的實驗室中一張很舒適的床上。室內經過特殊處理，非常安靜，聽不到一點聲音。參加實驗的人要帶上護目鏡，看不到任何東西；雙手戴上手套，觸摸不到任何東西；腿腳也用紙卡卡住，不能移動。吃喝由實驗者安排好，不需要移動手腳就能完成。總之，來自外界的刺激幾乎全被消除了。還有一項關鍵因素，他們躺在這間小屋，每天可以得到二十美金！

時間不限，愈長愈好。一九五〇年代每天二十美金什麼概念？那時大學生打工一小時才只能得到五十美分，工作十小時才能得到五美金，而參加這項實驗，躺在那裡二十四小時就能得到二十美金！用我們當代的情況比擬一下，假如你辛苦工作十小時能夠賺到一百元，辛苦工作二十小時能夠賺到兩百元，而只是躺在那裡二十四小時，就可以得到四百元，可以說是活脫脫的「躺贏人生」啊！

如果是你，在這種情況下，你會進去躺幾天呢？你還可以再猜想一下，當時參加實驗的人又躺了多少天呢？

答案是：實驗參與者都很難堅持兩天以上！剛開始，參加實驗的人還能安靜的睡覺，但稍後就開始失眠、不耐煩，開始自己唱歌、吹口哨、自言自語，用兩隻手套相互敲打。他們開始變得焦躁不安、不舒服、總是想要活動。就算多待一天就能多拿一次高額報酬，也無濟於事，人們還是待不下去。讓人更驚訝的是，實驗結束後，參加實驗的人都出現了注意力渙散、思考受阻、智力下降的現象，甚至有些人出現了幻覺。

後來，這個實驗因為太過殘忍而被終止。然而，這個實驗卻發現了一直被人們忽略的重要事實：**外界的刺激對人如此重要，如果沒有這些刺激，人將很難正常活著。**

安撫，他人肯定或認可我們存在的行為

那麼對人類而言，我們需要什麼，才能心理健康的活著呢？首先，請你完成下面的想像練習：

某天早上，你起床離開家後，到早餐店買早餐，你對老闆說：「老闆，一個蛋餅！」但是老闆完全沒有聽到，招呼著別的客人。

你到了公司，看到很多同事聚在一起聊些什麼，你走過去，問大家：「你們在聊什麼呢？」沒有人聽到你的提問，他們還是繼續自顧自的討論。你看到大家都去了會議室，也跟著進去。今天有一場培訓，講師講完一段後，問：「大家有問題嗎？如果有，可以提問。」你舉起手，大聲說：「我有問題。」可是講師說：「好，如果大家沒有問題，我們繼續。」你覺得很怪異和生氣。

你繼續走在路上，看到一個人很不順眼，於是過去打了他一拳，那個人只是奇怪的揉揉了臉，然後就繼續趕路。似乎沒有任何人看到你的存在，如果一直這樣持續下去，你覺得最終你會怎麼樣呢？

我曾經問過一些學員，有人回答：如果只是短暫的，還覺得挺輕鬆自在。但如果時間很長或者永遠如此呢？大家開始說：會覺得憤怒、痛苦、感覺自己被世界遺忘了，要瘋了，甚至不確定自己是不是還活著。

要想保持心理健康，都需要他人持續肯定我們的存在。**他人承認或肯定我們存在的每一個行為都被稱作「安撫」**。因此，假如其他人給了你一個微笑，算是安撫嗎？算，因為他看到並認可了你的存在。別人拍了拍你的肩膀算是安撫嗎？也算。別人對你說：「早安。」也算是安撫嗎？也算。難題來了，那別人罵了你一句或打了你一拳，算是安撫嗎？答案是：是的，也算。雖然別人罵你或打你讓你有不好的感受，但也認可了你的存在，所以也是安撫。讓你有好的感受是「積極安撫」，讓你有不好的感受是「消極安撫」，但在本質上都認可了你的存在。

安撫可以用不同方式，劃分為不同類型。

類型1 根據獲得安撫時自身的感受，劃分為「積極安撫」和「消極安撫」。

類型2 根據表達方式，劃分為「言語安撫」和「非言語安撫」。例如：誇獎別人是言語安撫，摸摸頭是非言語安撫。

類型3 根據獲得安撫是否基於某種條件，分為「有條件安撫」和「無條件安撫」。例如：唯有課業成績好、聽話、打扮得漂亮，我才會誇獎你、喜歡你、愛你，這就是「有條件正面安撫」；而不管你成績好不好、是不是聽話或打扮得漂不漂亮，我都喜歡你，就屬於「無條件積極安撫」。反過來說也許更好理解，我不會因為你成績不好、不聽話或打扮得不漂亮，就收回對你的積極安撫，就屬於「無條件積極安撫」。

而給予他人負面安撫時要格外小心，一定要給「有條件負面安撫」。例如：你不認真完成你應該完成的任務，我覺得很不好受。無條件負面安撫具有非常強的破壞力，例如：你這個人就是垃圾；你這個人就是爛泥扶不上牆；沒什麼原因，我看見你就覺得噁心。這些無條件的負面安撫，對一個人具有毀滅性的打擊。

溝通分析心理學理論的一項基本觀點是安撫，特別是積極安撫，是人必要的心理需求。**我們對安撫的需要是貫穿一生的。我們需要別人不斷肯定自己的存在，才能維持心理健康。**

人與人之間的「安撫」，如何影響我們的腳本塑造

「安撫」與腳本發展及重寫腳本，有什麼關係呢？其實，安撫和腳本的連結特別緊密。

❶ 一個人獲得安撫的形式，決定了他的腳本類型

例如：一個孩子的父母特別忙，沒時間給予他那麼多關注和安撫，也沒有其他大人給他很多支持，那麼，他在自己的腳本故事中，就可能選擇孤獨又堅強的角色，長大後會經常與他人保持距離，依靠自己滿足自身的各種需求。如果一個孩子的父母總是給他有條件的積極安撫，那麼，他很可能形成迎合他人的「要討好」腳本，認為沒有人會給你無緣無故的愛，並相信只有自己做到了什麼或達成了某人的期待，才值得被愛和被認可。再比如，有的孩子很少得到家人關注，一旦製造麻煩，就會引發大人的注意、批評甚至是責罰，但即使這樣，也比總被當作空氣感覺好得多。長大後，他很可能就會成為愛找麻煩，特別難對付的人。

❷一個人的安撫風格會影響他的人際關係，然後進一步強化他的腳本

例如：一個孩子小時候很少獲得大人的安撫、很孤獨。長大後，他也不習慣給別人安撫，別人給他安撫也會讓他很不自在。於是，他總是迴避需要與他人交換安撫的機會，躲在自己的世界。他的這種安撫風格，使他更相信自己就是那個孤獨和喜歡孤獨的人。再比如，一個孩子在成長過程中學到沒有人會真正喜歡他、肯定他，形成了「不要信任」的腳本。長大後，儘管其他人真心給他安撫和認可，他也總會覺得對方只是客套、虛假的認可他，並再次告訴自己：「沒有人會發自內心的真正理解你、認可你或愛你。」

因此，人們如果不能識別出自己接受安撫的風格並勇敢突破，就會一直強化自己的舊腳本，無法書寫新腳本；也會因為不能積累足夠的積極安撫，使自己內心十分乾涸、匱乏，缺失改寫腳本力量。

識別你接受安撫的風格，學會信任並接受他人給予的積極安撫

我們可以怎麼識別自己在接受安撫方面的風格呢？你可以從以下三個方面，審視自己：

❶你是否可以坦然接受別人給予的積極安撫，比如讚美？

當別人誇你穿得很好看或工作做得很好時，你會發自內心感謝並愉快的接受，還是會躲躲閃閃，例如：不好意思的回覆：「這件衣服只是促銷時隨便買的而已。」

❷你是否可以相信別人給予你的積極安撫是真誠的？

當別人表揚、稱讚你時，你相信他是發自內心的肯定你，還是覺得對方只是出於禮貌，但其實並不是這麼想的？如果是後面這種情況，就是在接受安撫方面安裝了「過濾器」或「打折器」，意思是你會自動屏蔽外界給你的積極訊息或者降低積極訊息的重要程度，從而屏蔽了外界給予你的滋養。

❸你是否有，把別人說的好話扭轉為壞話的傾向呢？

例如，有人說：「你今天穿得真美啊！」這時，你不會覺得這是對方給你的稱讚，而是想：「我只有今天穿得好看，之前都很難看。」如果有這種表現，就是在接受安撫方面安裝了「變形器」，意思是自動將外界的積極安撫轉化為了消極安撫。

如果完全沒有以上三種情況，而是能夠信任並接受他人給予的積極安撫，那麼，我相信你一定走在通往積極腳本結局的路上！如果你有其中一項或三項都有，那麼，就需要勇敢突破它。**突破的方法是把接收到的肯定和營養真正放到心裡，消化並吸收它！**這就好比你吃了一口美味的食物，以前因為怕胖，便吐出來或者稀裡糊塗的咽了下去，之後又幾乎原封不動的排泄出去。而現在，你需要真正咀嚼它、吃下它，讓它的營養轉化為你的能量。

案例17 為什麼主管的負面評價，卻勾起了以往的失敗感？

小潘曾在一線城市某知名企業實習，雖然表現不錯，但後來因為種種原因沒有轉正，之後回到家鄉所在的小城市工作。在小城市工作期間，同事、主管對她的工作非常滿意。但她希望追求更好的發展，於是再次回到大城市。回到大城市後，她先在一家小機構任職，因為工作表現良好，被朋友推薦到另一家知名企業。可是因為她的個性和理念與直屬主管不合，導致工作熱情愈來愈低，不滿情緒愈來愈高，因此工作表現非常糟糕，也讓主管對她相當不滿。主管對她的負面評價，勾起了她過往累積的很多失敗感，她感覺自己糟糕至極，辜負了朋友的推薦，一度陷入了憂鬱。

憂鬱與「我不好－你好」的心理地位關聯緊密。案例中的小潘，從小就從家中接受了很多負面評價，在成長過程中，她也總是受到「安撫過濾器」的影響。她經常認為：別人給予她的積極評價是出自禮貌與客氣，而不是自己真的好。相反，當接收到負面評價時，她會認為這才是真實的。因此，她總是關注自己獲得的負面安撫，而不能吸收正面安撫。當她開始客觀認知到第一份工作沒有轉正，並不是因為她的能力問題；第三份工作的糟糕表現，是源於工作內容與自己的價值觀不符；以及當她開始吸收第一份工作中主管對她的認可、第二份工作中同事與主管對她的讚揚、第三份工作中志同道合的同事給予她的肯定時，她才慢慢發現並不是所有問題都在自己身上，自己其實沒有那麼糟糕。

在我之前的諮商和教學裡，有人會說：「我就是沒辦法相信別人對我的肯定，怎麼辦呢？」我的經驗是，不相信他人積極安撫的人，在對方給予積極回饋時，往往並沒有看著對方，而是看著別處。或者，就算他的外在之眼看著對方，內在之眼也沒有真正看著對方。當我們不能真正看到他人，就會按照自己的人生劇情產生幻想，把發出訊息的人想像成虛假、客套的樣子。但如果他能真正看著訊息發出者，就能真實的觀察對方的表情、神態、動作、語氣，從而做出真假判斷。

因此，**請張開你的眼睛、打開你的耳朵、放開你的心靈，不要用先入為主的想法去面對與隔離積極安撫，而是去真正的觀察**。當你發現了對方的真誠，就感激的接受、把它放在心裡，將它轉化為一份珍貴的禮物和寶貴的力量。如果你不能放棄使用安撫過濾器、打折器或變形器，你的心就會像有個破洞，無論周圍有多麼美好的事情發生，都無法將它填滿。相反，如果你願意放下過往的陳舊劇情、願意開始接受養分，那麼你不僅會從他人那裡獲得許多滋養，也能夠從每天陪伴你的日月星光、風雨空氣、樹木花朵和

可愛動物中，獲得許許多多的滋養。

練習 8

學會接受他人給予的積極安撫

本章，我邀請大家完成的練習是「接受積極安撫」。

步驟1 請回憶過去一段時間內，是否有人曾給過你積極安撫，但當時你有不好意思接受、不相信或將其轉換為消極安撫的表現。

步驟2 再次回顧他人給你的這個積極安撫，並從中發現自己可以接受、讓自己感覺良好的元素。例如：某位學生、下屬，或朋友說，你是他永遠的女神／男神，雖然你覺得有點誇張，但還是可以從中提取讓自己感覺良好的元素。比如：這說法雖然有點誇張，但代表對方是喜歡我的，我是個容易讓人親近的人，所以對方敢和我說出這樣的話等等。

步驟3 記錄下自己提煉出的積極安撫。閉起眼睛、深呼吸，在心裡默唸並感覺它們和自己融為一體。

完成後，請記錄下自己的感受。

學員分享 李慧芳：

在我的生活裡，以前我覺得自己像空氣般不存在，可是空氣還能讓人呼吸，我連空氣都不如，根本不應該存在。不知道為什麼，我一直有這樣的感覺，尤其是當我覺得我在意的人不在意我時，這種感覺就會出現，很難受。

學習心理學後好了一些，知道是過去的經歷對自己的影響。但是一遇到事情時，哪怕頭腦知道又來了，這種沒人要自己、討厭自己的感覺就又會出現，我會很沉默，有時也會發怒，然後在事後後悔。這個狀況一直讓我自責、內疚又無力。現在正在學習走出這樣的困境。

今天同事說要謝謝我，我第一個反應是說謝什麼，在工作上互相幫忙是正常的。她說：謝謝我告訴她修冷氣師傅的聯絡方式，把冷氣修好了。天氣熱，原本請的師傅不能來，自己又不

能處理好，家人都煩，昨天一打電話師傅就來了，也處理好了，很謝謝我。我覺得這不是我的功勞，是師傅的啊。現在想想其實我滿開心的，我主動提供的訊息，解決了同事家的問題，關心了他人，真好！

是的，因為「主動關心他人」、「為他人提供訊息解決了燃眉之急」而開心，並接受這樣的感謝！其實我是積極主動關心他人的。想起疫情期間，我總是自責因為害怕沒有為居民做更多事。現在想想，當時我也盡我所能，主動了解一些資訊、發給居民，並記錄居民的需要，調離單位時還囑咐同事把資訊告知需要的居民。謝謝我自己，謝謝感謝我的同事，讓我看到自己的存在和主動性。

腦中總有個聲音在說：「你沒做好，沒做好，還有人罵你呢，那麼多人不滿意你。」之後就會屏蔽掉很多做好、做到的事，然後說：「看，有什麼了不起，連這個都做不好，差勁。」就算主管表揚我，幾分鐘後我也會說：「有什麼好的，這也沒做好，那裡也不好，明明可以更好的，高興不起來。」不表揚時更是有一堆委屈，抱怨一堆，過得很累。好也不行，不好也不行，真是難伺候！

今天的練習，想到了同事的感謝，真的收到，有點暖心！我也可以主動真心的服務他人，我也可以被看見，我也可以被聽見，我也可以很重要。

學員分享 Henry. W：

透過今天學到的課程，我才知道，原來別人給我一個微笑，就是安撫了。我之前將安撫等同於安慰了，只用在紓解痛苦的場合。安撫是別人對我們的回應，有了回應，我們就能確定自己的存在。簡而言之，被「看見」就是安撫。難怪說看見即是療癒。那麼，視而不見就是冷暴力，我也更理解為什麼冷暴力那麼讓人抓狂了，因為會直接無視你的存在。

我回憶了一下，發現自己不太習慣直接表露情感的溝通方式。直白的情感交流，讓我渾身不自在。我更習慣含蓄的傳情達意，所謂「心有靈犀一點通」、「悠然心會，妙處難與君說」往往更讓我感到舒服，更有餘味。

今天助教S在訓練營同學群裡轉發了我的觀察報告，並附上一句：「寶藏觀察者的貢獻！」然後標記了我。我看到消息時，首先跳出來的想法是：「這是S的善意。」但緊接著就是：「這樣誇我的話，別的同學看了會不會有什麼想法。」但其實這篇觀察報告之前老師評論時就誇過了，是得到認可的。這麼說吧，即使是一次大家公認的成功，但作為當事人的我，其實不太能享受到成功的感覺。怎麼描述這種狀態，我特意查了一下「矜持」的含義：謹慎言行，拘謹而不自然。沒錯，我的感受是有點不自在。我不太能享受成功，因為心裡總有個聲音：沒錯，這次你是成功了，但也不要得意忘形，不然下一次你不成功的時候，別人會指指點點說：「看，上一次那得意的樣子。」

類似的話，在我讀書的時候一點也不陌生。老師寫期末評語的格式都是這樣。先寫些好的，最後一轉折，希望該生在哪些哪些方面繼續努力，獲取更大的進步。看到「希望」後面，就知道是不足、是缺點了。我印象中，做好一件事，總是不會得到純粹的表揚，不會得到乾乾淨淨的就事論事。總怕我們禁不起表揚，表揚多了我們就會驕傲，尾巴會翹上天。所以，他們總是不忘說，戒驕戒躁，爭取更大進步。我們也習慣了耳提面命、諄諄教誨時，要一直聽到這句話才結束。所以，我體驗到的表揚都是有條件的，都是帶著誘惑的，好比引誘小孩吃藥的方糖？

看到S的讚美，我沒有「過濾器」，也沒有「打折器」，就是不知道如何得體的回應。嗯，關鍵詞就是這個「得體」，讓我很糾結。我想讓她知道我有看到她的讚美，於是評論了她發在群組裡的一張美圖，然後標記了她，但完全沒有提觀察報告的事。期間還有其他同學發消息說看了報告很有收穫之類的，但因為沒有標記我，我就沒有回應。我是怕站在聚光燈下？怕把其他同學比下去？我回想了一下群組裡其他同學在收到讚美時的反應，發現還是我想太多了。她們就是大大方方的表達謝意。

所以，謝謝你們。

謝謝你們用心閱讀了這篇觀察報告。

謝謝你們的回饋，讓我了解了自己。

謝謝！

不要等待他人改變，而是從自己開始改變

擺脫被動、轉為主動，脫離不滿意的人生腳本

「被動」與「主動」相對應，是指：只有外界要求時才會去做某事，而不是自發去做；遇到問題時，不會去解決問題，而是迴避或等待他人解決。如果我們不能擺脫被動狀態，就會一直陷在自己不滿意的腳本裡。本章，我們將一起了解被動背後的機制和做出改變的方法。只有停止被動、轉為主動，才能利用自身力量從不滿意的腳本中跳脫出來。

首先，我們來進行一個「主動／被動小測試」，看看你屬於哪種類型？下文包含四個場景，請根據自身的實際情況，判斷自己的反應更接近A選項，還是B選項的描述。

場景1

你在電梯間碰到了一個有點熟但又不太熟的同事，禮貌性的打了招呼後，你們進入電梯。電梯裡只有你們兩個人，且電梯運行時間比較久，如果誰都不說話，這段時間會比較尷尬。

此時你會：

A．先開口找點話題打破沉默。

B．不知說什麼好，站著挨過這段時間。

場景2

你進入了一個教室或會議室，裡面已經有很多人了。你找了個地方坐下來，雖然開著空調，但你還是覺得房間有點熱。

此時你會：

A．站起來去調整空調的溫度。

B．和身邊的人說或自己在心裡說「好熱啊」，然後希望有人能去處理。

場景3

你在公共場合看書，例如火車上或咖啡館，但旁邊的人手機開著擴音，非常吵，已經持續了一段時間。

此時你會：

A．告訴旁邊的人，他的聲音有點大，請他戴上耳機。

B．默默忍受，或者煩躁的翻書，弄出一些動靜，希望對方能夠意識到。

場景4

你近期的工作壓力很大，手上已經有很多事情，但主管還在不停安排新任務，你覺得吃不消。

此時你會：

A．告知主管你的情況，請求主管或同事協助。

B．先撐著，實在撐不住的時候再說。

在這四個場景裡，你選擇的A更多，還是B更多呢？如果選擇的A更多，代表你更傾向於主動；如果B更多，代表你更傾向於被動。如果兩者一樣多，代表你兩種特點都有，在一些情況下可能表現出主動，一些情況下可能表現出被動。

四種行為表現，了解你的典型被動行為

當我們處於被動狀態時，會有四種行為表現[23]。

❶什麼都不做

這是最典型的被動行為，顧名思義，就是**面對問題時，聽之任之，不採取任何解決問題的行動。**

例如：一對夫妻明明已經吵架吵到不歡而散，兩個人心裡都很不舒服，但沒有人提出需要解決這個問題。從表面上來看，這次衝突就像沒有發生過一樣，但雙方內心其實都積累了不滿。他們這樣反應，就是對婚姻中存在的問題「什麼都不做」。前面四個測試場景中，在電梯裡想和對方聊點什麼，但又什麼都沒說，會議室很熱但又沒有去處理空調問題，都屬於「什麼都不做」的被動行為。

❷過度適應／過度順從

順從是別人讓你做什麼，你就做什麼。而**過度適應或過度順從，是別人甚至還沒**

說，你就會猜想對方期待你做什麼，然後去做。

例如：你和幾個朋友到其中一人家裡聚會。吃完飯後，沒有人讓你洗碗，但你覺得別人期待你洗碗。你不會和對方核實這到底是不是他的真實願望，也不會考慮自己想不想洗碗，下意識的就會按照自己認為對方擁有的期待去做。

從表面上來看，過度適應的人相當主動，就像剛才提到主動洗碗的人，但真實情況是他們處於自己擔憂的「兒童自我狀態」，認為只有自己能夠滿足別人的期待，才能受到喜歡和認可。所以，他們表面看似主動，但其實並不是真正的主動。他們處於不安的兒童自我，在響應著自己腦中父母自我的要求，因此也是被動的。而因為過度適應的人看起來很主動，所以這種被動行為很難被發現。

❸ 煩躁不安

這是指**遇到問題時，當事人不是積極有效的解決問題，而是表現得煩躁不安**，比如不停抖腳、一根接著一根抽菸、來回踱步、不停咬指甲或者不停吃東西，從而希望別人意識到他們的煩躁，代替他們解決問題。在前面的測試場景中，面對有人在咖啡館或火車上將手機開擴音的情況，如果當事人不直接表達自己的需要，而是不停不耐煩的翻書製造聲響，就屬於這種情況。

❹失能或暴力

這是指**一個人處於煩躁不安的狀態一段時間後，如果累積的負面能量不能得到恰當的消滅和排解，最終會透過失能或暴力這兩種極端行為釋放出來。**失能指的是失去能力，例如：前面提到工作壓力太大的工作者，面對不斷襲來的工作任務，剛開始時，針對這個問題他「什麼都不做」、硬撐著；隨著工作愈來愈多，他會愈來愈覺得主管不理解他，於是開始變得煩躁不安，經常摔打文具、文件；再進一步累積，就可能在某一天突然發燒或病倒，而這就是失能。假如他終於受不了，突然在某一天開始辱罵甚至攻擊主管，就是暴力。

失能和暴力都屬於被動行為。雖然兩者截然不同，但其實處於同一層級。失能是人們無法有效解決問題，將積累的負面能量指向自己，對自己施暴；暴力是將積累的負向能量指向他人，對他人施暴。

以上就是四種被動行為，分別是：什麼也不做、過度適應／過度順從、煩躁不安、

失能或暴力。透過四個場景的測驗以及四種被動行為的講解，你發現自己傾向於被動型嗎？你覺察到自己最典型的被動行為是什麼？

停止下意識的忽略與「解決問題」相關的訊息

人們為什麼會產生被動行為呢？其背後的機制是「漠視」。漠視在溝通分析心理學理論中被定義為：下意識的忽略與解決問題相關的訊息。漠視可以劃分為很多類型，在日常生活中，人們可能從以下四個層次產生漠視，從而處於被動狀態。

❶漠視問題的存在

這是最嚴重的漠視。例如，在前面伴侶吵架的例子中，兩個人明明已經愈來愈無話可說、愈來愈疏遠、並且已經超過三個月沒有任何親昵行為了，但其中一方或雙方完全沒有意識到。這種嚴重的漠視還常見於健康方面，甚至可能導致死亡。例如，有的女性胸部長了一個包，但她完全沒有留意到身體變化，所以沒有採取任何措施，等她注意到時，這個包已經轉為乳腺癌。

❷漠視問題的重要性

舉例來說，前面這對無話可說的夫妻已經注意到彼此的疏遠，以及很久沒有親密行為，但對自己說：「夫妻都是這樣的，這很正常。」這就是漠視了問題的重要性。再比如，有人口腔潰瘍，好幾個月都沒好。他對自己說：「沒事，不就是口腔潰瘍嘛，沒什麼好大驚小怪的。」他看到了口腔潰瘍的存在，卻漠視了口腔潰瘍持續幾個月不好的重要性，因而沒有採取任何措施。一年多以後，持續的口腔潰瘍最終被診斷為口腔癌。

❸漠視解決問題的可能性

絕大多數的問題都是可以解決的，且不止一種解決方案。但人們常常會認為除了眼前的現狀，別無選擇。例如，那對關係不好的夫妻，他們看到了問題的存在，也看到了問題的重要性，但卻說：「沒辦法，我們只能處於這種沒辦法溝通的狀態呀。我們現在工作都很忙，除了工作還要帶孩子，所以只能這樣湊合。」其實，有很多方法可以解決他們的問題，例如，對於又要工作又要帶孩子這個問題，雙方可以在孩子上學時共同調休、進行溝通；可以下班一起回家，利用路上的時間溝通；休息日時，可以把孩子送到

鄰居家玩或者帶到親子餐廳，這樣，孩子有得玩，兩人也有時間溝通。

遇到問題，很快就認為沒有更好的解決方法，就是漠視了其他選擇的存在以及解決問題的可能性。

❹漠視自己改變的能力

這是指一個人看到了問題的存在、看到了問題的重要性，也看到了其他選擇的存在，但認為自己不具備執行其他選擇的能力。我們還是用那對夫妻舉例，例如：丈夫說：「我知道改一下溝通方式會有更好的溝通效果，但我脾氣就是很急，沒辦法。」再比如，一些子女期待父母改變一下說話方式，父母回應說：「改什麼改，我都土埋半截了，改不了！」這些情況就是當事人漠視了自己改變的能力，或者換句話說，不是「不能」改變，而是「不願」改變。

以上便是被動行為背後四個等級的漠視，分別是：漠視問題的存在、漠視問題的重要性、漠視解決問題的可能性，以及漠視自己解決問題和做出改變的能力。其中，漠視問題的存在最嚴重，因為它可能會產生致命的危險。

針對我們遇到的問題，可以把漠視等級和被動行為結合起來，找到自己的「困難組合」，例如：我因為漠視了解決問題的可能性，所以面臨問題卻什麼都不做；我因為漠視了其他選擇的存在，所以一直處於過度適應的狀態；或者因為我漠視了自己改變的能力，所以一直都處於煩躁不安的狀態，且有時會對家人運用暴力等。

化漠視為重視，就能改寫你的腳本路線

被動和漠視與不良的腳本之間有很緊密的關係。「漠視導致被動，被動導致消極的腳本結果」（漠視－被動－消極腳本結局）是很常見的腳本路線。例如，有些青年認為年輕就是資本，他們長期熬夜、胡亂吃喝，逐漸出現胸悶氣短、渾身乏力等症狀，有些人甚至長期發低燒。其中，有的人完全沒有留意到身體的這些變化；有的人則漠視了這些身體訊號的重要性，認為自己還年輕、承受得住，不會有什麼太大問題。因此，他們對改善身體健康狀況表現得非常被動——「什麼都不做」。即使身邊的人提醒，他們也無動於衷，最後導致突發性心臟病，輕者經歷重大手術，重者則一命嗚呼，走向很遺憾的悲劇式腳本結局。

案例18 為什麼我總是在等別人意識到我的需求？

妻子對丈夫很失望，她發現丈夫和一位女士關係曖昧，常常在微信上互動。妻子希望丈夫能和她說清楚，但她並沒有主動表達這個需求，而是希望丈夫能夠意識到自己的失望和傷心，來找自己談清楚。丈夫感覺到了妻子的不開心，希望改善與妻子的關係。他下班後回家煮飯、做家務，希望讓妻子高興，可是妻子覺得丈夫做這些都是徒勞的，因為沒有說明關鍵問題。所以，她對丈夫的努力沒有做任何回應。丈夫感到很失望，不願再做更多努力，兩人的關係降到冰點。

案例中的這對夫妻都有漠視和被動行為。首先，妻子漠視了自己主動詢問，從而使自己的疑問獲得解答的可能性。在她看來，只有對方主動告知，才能獲得答案，如果自己主動詢問，是不會得到答案的。因此，妻子表現的被動行為是「什麼都不做」，等待對方解決問題。其次，丈夫漠視了妻子的真正需求，用「過度適應」的方式應對妻子的不開心，他自以為煮飯、做家務是妻子對自己的期待，實而並非如此。再次，妻子漠視了丈夫為改善關係做出努力的重要性，繼續用「什麼都不做」的被動行為反應。最後，丈夫繼續漠視關係中的真正問題，也開始用「什麼都不做」的被動行為加以應對。如果他們的漠視和被動行為持續下去，恐怕最終會以婚姻失敗收場，並可能強化「伴侶就是讓人失望」的腳本信念。

三大關鍵，讓我們擺脫漠視、學會重視，才能解開生活中的問題

那麼，我們可以怎樣建立「不漠視－主動－積極腳本結局」的路線呢？關鍵點就是「化漠視為重視」。

❶重視自己不對勁的感覺

「不對勁」的感覺往往是在提醒你問題的存在。一位男士突然接到妻子的離婚通知，他非常驚訝，覺得：「我們還行呀，最近也沒有吵架，怎麼突然就說要離婚呢？」

事後，這位男士才回憶起，以前下班後他們還常常聊天，後來都各自滑手機了；以前邀請妻子看電影，她還很有興趣，後來就常說不想看了；以前放假，他們經常出去旅行，後來妻子就說別去了，省錢吧。當時，他覺得有點不對勁，但並沒有仔細想到底出了什麼問題，最後被妻子告知要離婚時一臉茫然。所以，只要你隱隱感到「不對勁」，就要重視這種感覺、停下來想一想：是不是自己漠視了某些問題的存在。

❷重視建立「方法總比問題多」的信念

當你停止漠視，就會看到解決問題的豐富可能性。你聽過法國作家尚－多明尼克．鮑比（Jean-Dominique Bauby）的故事嗎？他中風後，除了左眼皮肌肉外全身癱瘓，不能活動身體、不能說話、不能自主呼吸，只有一隻眼睛可以動。他透過語言治療師，找到了與助手交流的方法。他讓助手把字母表上的字母一個一個唸出來給他聽，眨眼一次代表「是」，眨眼兩次代表「否」。就這樣，他透過一個一個字母，形成了一個一個單詞；透過一個一個單詞，又形成了一個一個句子；最後形成了一頁一頁文字，完成了《潛水鐘與蝴蝶》（*Le scaphandre et le papillon*）這本書。

因此，無論面對的問題是什麼，只要你明確了希望達成的理想狀態，然後不斷問自己：我可以做什麼、我還可以做什麼……就一定可以找到方法！問一次不行，就問兩次；問兩次不行，就問三次、五次、十次。問自己不行，就問別人，直到找到答案為止。有些人羞於向他人求助，認為求助是軟弱或為他人帶來麻煩的表現。其實並非如此，求助是展示自己的行動力以及使他人因提供幫助而體驗到價值感的最佳行為！

❸重視建立「我可以改變」的信念

我們每個人都有很強的學習能力及可塑性。堅信自己不會改變，是漠視自己的能力。生涯發展領域的「社會學習理論」認為，當下的社會在快速變遷，只有不斷拓展自己的技能、興趣、信念、價值、工作習慣和個人修養，我們才能創造出幸福美滿的生活。多年前我參加過華裔教授宗耀民*的一場講座。他分享的一個故事，十幾年來一直留在我的腦海中。他說：當年，他被提名擔任美國生涯發展學會的主席，但是他很猶豫。他從來沒有做過此類工作，對自己的領導力十分沒有自信，於是想推掉這個提名。後來，他與生涯社會學習理論的創始人約翰．克倫伯特茲（John D. Krumboltz）教授談起此事。克倫伯特茲教授對他說：「You've got to learn.（你需要去學習。）」宗老師說這句話點醒了他——我們確實有很多東西當下都無法做到，但我們可以學習，我們可以改

變。後來，宗老師成為美國生涯發展學會史上第一位華裔主席。二〇一九年，他獲得該學會頒發的最高榮譽——終身成就獎。

從那場講座後，「你需要去學習」這句話就一直印刻在我的腦中。在心理學的專業定義中，「學習」其實並非特指獲得書本知識，而是指人或動物透過反覆經歷而產生的行為變化。無論何時，我們都可以學習，這也意味著我們永遠都可以發生改變。每一刻都是嶄新的一刻，每一刻我們都可以做出新嘗試、新選擇。也許你已經做出了一些改變，也許你改變後又掉了回去，沒關係，你永遠可以在下一刻繼續創造自己想要的改變。

* 香港出生，在台灣師範大學獲得教育心理與輔導學士學位，並於美國伊利諾大學香檳分校（University of Illinois at Urbana-Champaign）修得心理諮商碩士和博士。曾擔任美國生涯發展學會（National Career Development Association）、美國諮商心理學會（Society of Counseling Psychology）和全美諮商心理師訓練課程委員會（Council of Counseling Psychology Training Programs）主席。

練習 9

如何化漠視為重視，化被動為主動

本章，我邀請你進行的練習主題是「化漠視為重視，化被動為主動」。

步驟1 請找出一個對你來說很重要，但還未解決的問題。什麼方面都可以，愈具體愈好。例如：我睡得太晚；我不會和別人聊天；我不知道怎樣跟父母表達我的想法等。

步驟2 針對這個問題，找到自己的「漠視＋被動行為」的困難組合。

步驟3 根據對自己的困難組合的分析，列出至少三到五種新的解決方案，必要時向他人求助。最後，挑出目前來說最可行的一種解決方案。

完成後，回顧你的所思所感。

學員分享 **閃閃：**

步驟1 我不會表達自己的感受（尤其是負面的）。

步驟2 我漠視了自己的感受，所以我有過度順從的行為。當我對別人不滿的時候，心裡千百萬個不願意，嘴上還是會同意或者接受，行動上也會去做。課程裡關於主動洗碗的例子，其實主動洗碗的內在感受是：我很想吃完飯就躺在沙發上，但是那樣別人就會說我懶，只有主動幹活，別人才會喜歡我；別人喜歡我，才不會拋棄我。這裡既有對自己的苛責，又有被嫌棄的恐懼。

步驟3 根據對困難組合的分析，列出三到五種解決方案：

❶有不滿情緒時，直接告訴對方，看到你做了某某事，我生氣了。

❷感覺不對勁的時候，尊重自己的感覺，並和對方進行澄清。

❸不強迫苛責自己，不必事事都安排妥當。

❹表達自己的需求和感受，適當依賴，給別人照顧我的機會。

昨天早上已經實踐過了第一種方案。男友把雜物堆得亂亂的，我拿東西時，吹風機掉到了地上。我跟他說：「我很生氣。」說第一遍的時候，他沒有回應，我又說了第二遍：「我剛剛說我很生氣。」他抱了抱我說：「哦哦，我把東西亂放，你就很生氣是不是？」我說：「是。」這個過程中，我的感受是：原來我是可以表達生氣的，而且生氣了對方也沒有拋棄我。這是一個小冒險，也期待更多的冒險，變被動為主動。

學員分享 Anita：

步驟1 十歲孩子厭學在家，情緒波動起伏，如何建立親子關係的連結與鼓勵孩子找回自我。

步驟2 由於我漠視了心理健康的重要性，導致一直以來我只重視孩子的學業，在與孩子的情感溝通方面「什麼也不做」。我面臨著急需重新恢復親子關係、重新獲得孩子信任的問題。由於沒有和孩子一起學習、一起更新認知，所以孩子成長了並不斷在找尋自我，而我卻沒有足夠的知識和心理來迎接孩子的成長。

步驟3

新的解決方案：放下焦慮，真正接納孩子在家休整的事實，站在孩子的角度去思考目前的問題、去理解他的行為。

給孩子更多的自由空間，不要像之前那種事無巨細、方方面面的督促，學會放手，讓孩子自己去做、去體驗。

多一些有效陪伴，和孩子一起看他喜歡的書、喜歡的電影、喜歡的遊戲，脫掉家長的架子，全身心投入的去和孩子一起，恢復親子關係、重建信任。

認真閱讀最近買的幾本書，這段時間參加了兩個學習營，剛好在同一個檔期，所以需要時間來慢慢消化，作為家庭的掌舵者，媽媽一定要強大起來，能接得住孩子的各種情緒。

最近陪孩子去玩了跳床，一起在海綿池裡扔海綿塊的時候，孩子說：「媽媽，我覺得妳現在特別像孩子一樣！」聽起來很鼓舞，因為確實好多年來，我都沒有像孩子一樣全身心的去和孩子互動，一直擺著父母的臭架子。所以，父母的每一個改變，包括語氣表情，孩子都能夠感受得到。繼續加油！

Chapter 15

從自己開始，坦承、不包含利用，自在的分享感受

學會慷慨給予安撫，建立良好的關係氛圍

「刀子嘴，豆腐心」這句話我們都很熟悉。它最先出自作家浩然的長篇小說《豔陽天》，用來形容一個人說話尖酸刻薄、言語犀利，實則內心柔軟、心地善良。這是典型的內在感受和外在行為存在差異的情況。

接下來，我想先請你做一個有趣的小調查：看看對下面ＡＢＣＤ四類人，你最喜歡和哪類人相處，以及最不喜歡和哪類人相處。請你從最喜歡到最不喜歡做個排序。

Ａ．刀子嘴，豆腐心。

Ｂ．豆腐嘴，刀子心。

Ｃ．豆腐嘴，豆腐心。

Ｄ．刀子嘴，刀子心。

你的結果是什麼？

我把這個調查發到了朋友圈和微信群裡，基於兩百二十一個人的數據，調查結果顯示：大約三分之二的人最喜歡與「豆腐嘴，豆腐心」的人相處，把它排在第一位的占比是百分之六十五；之後是「刀子嘴，豆腐心」，百分之六十一的人把它排在了第二位；然後是「刀子嘴，刀子心」，最後是「豆腐嘴，刀子心」，大約各有一半的人把它們排在了第三和第四位。概括來說，人們最喜歡與「豆腐嘴，豆腐心」的人相處，其次是「刀子嘴，豆腐心」；最不喜歡與「豆腐嘴，刀子心」的人相處，其次是「刀子嘴，刀子心」。

對這個小調查的結果，你有什麼想法嗎？我認為從中可以提煉出三個發現：

發現1 溫柔的內心加溫柔的表現，是大多數人都喜歡的。

發現2 如果對方知道你是善意的，即使你的行為表現不一定妥當，人們的接受程度也相對較高。

發現3 刻薄的內心最不受歡迎，同時，表裡不一，也就是刻薄的內心＋虛假的溫和表現，是人們最不喜歡的。

你有沒有想過，自己是以哪種方式對待身邊的人呢？對於自己對待他人的方式，你滿意嗎？

看見四種人的腳本模式

營造健康良好的關係氛圍，對於改寫腳本也非常重要。任何人的腳本都不可能脫離自身所處的關係背景，**一個人愈能與他人建立融洽、親密的關係，愈有可能體驗到滿足感，同時也愈有可能獲得他人的支持，這樣，他才愈有可能實現贏家腳本。**

下面，我們一起來看看上述四類人，可能擁有怎樣的腳本。

❶「豆腐嘴，刀子心」的腳本

如果一個人用「豆腐嘴，刀子心」的方式對待他人，他的心理地位可能是「我好－你不好」或「我不好－你不好」。我們無法確定他自己是「好」的還是「不好」的，但別人一定是「不好」的，所以他才要用刀子心來對付他們。但他可能又不希望產生過於

直接的衝突，以至於傷害到自己，因此嘴上要表現出對別人的喜愛和熱情。這樣的人屬於「偽善型」，除非一直偽裝，否則一旦被發現，就會遭到極大的排斥和厭惡，最終落得悲慘的結局。比如前兩年的熱播劇《延禧攻略》*中，黑化後的嫻妃和純妃都屬於這種類型，還有《動物方城市》**中的羊咩咩副市長。他們表面上對人溫和有禮、關愛有加，但內心卻心狠手辣，一旦被發現，就可能遭到唾棄、眾叛親離。

❷「刀子嘴，刀子心」的腳本

如果一個人用「刀子嘴，刀子心」的方式對待他人，他的心理地位最有可能是「我好－你不好」。他的表達非常直接且自負：我看不上你，就赤裸裸的表現出來，不需要遮掩。因為太過狂傲，這類人通常很容易樹敵，最終可能因為遭到報復而不得善終。

《延禧攻略》中的高貴妃就是這個結局，她到處對人赤裸裸的頤指氣使、惡毒刻薄，最

---

* 二〇一八年首播的中國古裝劇，以乾隆時期的後宮角色為背景所改寫，講述皇族內部勾心鬥角的故事。

** 二〇一六年上映，由華特迪士尼公司製作的動畫電影，描述草食動物兔子哈茱蒂立志成為警察的故事，且巧妙融入了偏見與刻板印象議題。

終被設計反殺慘死。不過，與前一類人的偽善相比，這個類型似乎更可愛一點。這是為什麼觀眾在看到嫻妃和純妃黑化時，在影片彈幕*上打趣的寫下「想念高貴妃」的原因。

❸「刀子嘴，豆腐心」的腳本

「刀子嘴，豆腐心」的人，雖然表達方式令人不舒服，但因為他們在本質上對他人是友善的，所以大家的接受程度比較高。例如：周星馳的電影《功夫》中的經典人物包租婆，她言語惡毒犀利，總是帶著嘲諷的表情，說了很多挖苦、諷刺人的話。比如，看見賣苦力的人背著東西走過，她就說：「哼，這麼有力氣，活該你一輩子做苦力，欠我幾個月房租，早上連個招呼都不打一聲，累死你個王八蛋！」真是讓人感覺十分刻薄。

但是在後來的劇情中，人們發現她其實是性情潑辣、內心正義的武林高手，並靠獅吼功打敗了六指琴魔。然後，大家對她的感覺開始反轉。這類人一開始會遭到他人的厭惡，但一旦真實的內心被了解，反而會受到加倍的喜歡。不過問題在於，他如何才能讓別人了解他的「豆腐心」呢？世界上絕大多數人都沒有讀心術，除了刀子嘴之外，他還需要其他表達自己真情實感的管道。否則，如果人們只能看到他的刀子嘴，沒法感受到他的

豆腐心，就只能因為他的惡劣表現而厭惡他。這類人要麼擁有評價反轉的精采故事，要麼可能一生被誤解。這很像在危險的邊緣跳舞，倘若成功，非常驚豔；倘若失敗，非常悲慘。

❹「豆腐嘴，豆腐心」的腳本

「豆腐嘴，豆腐心」意味著這個人的內在對他人是充滿善意的，同時，也用善意的方式表達出來。這是內外一致的善意表達，我想這是為什麼大多數人都喜歡這種表達方式的原因。但並不是所有人都喜歡這種互動方式，主要原因在於這種表達可能出於兩種心理地位：一種是當事人在「我好－你也好」的心理地位上進行「豆腐心，豆腐嘴」的表達，這樣，他既能肯定自己，又能肯定對方，十分具有感染力。另一種則可能是當事人在「我不好－你好」的心理地位上進行「豆腐嘴，豆腐心」的表達，此時，這種表達就有了迎合、討好和奉承的意味。如果「豆腐嘴，豆腐心」的表達不是出自迎合、討好，而是真實的善意和認可，我相信，用這種方式表達的人一定能收穫很多喜愛和肯

* 影片即時字幕評論功能，使用者可以在影片播放時即時用文字分享自己當下的感想。

定，有助於他發展並強化「我好－你也好」的心理地位，從而更有可能獲得成功和滿意的腳本結局。

學會接受，也要學會給予他人安撫

前文，我們提到過「安撫」這個概念。它指的是「每一項認可他人存在的行為」。每個人對安撫，特別是積極安撫的需要是貫穿一生的，我們需要不斷獲得他人的安撫才能維持心理健康、享受幸福的人生。你是如此，他人亦是如此。因此，學會接受來自他人的安撫很重要，學會給予他人安撫也很重要。一份關係的好壞，就在於你是否接受了足夠多的積極安撫從而感到滿足，同時，你是否給予了足夠多的積極安撫，讓對方也可以感到滿足。

之前我們討論了接受安撫的方法。下面是給予安撫的方法，包含五個要點：

❶要慷慨給予他人積極安撫，不要吝嗇

有的人不情願給別人安撫，覺得如果誇獎別人，似乎會降低自己的地位。事實上，

能夠給別人積極安撫是自身有力量的表現。一個人愈能夠給予他人積極安撫，愈能夠在對方那裡凸顯出自己的力量和重要性。

❷要及時給出安撫，不要讓機會偷偷溜走

其實，很多時候我們都會產生對他人一閃而過的好感。比如，你今早看到一位同事穿了一件特別好看的衣服，你覺得她顯得格外漂亮；你看到一位朋友精神飽滿，覺得她氣色特別好；老公轉頭對你說話的某個時刻，你覺得他特別帥等等。但是，這些想法經常只是在腦中一閃而過，你並沒有真正把這些好感說出來告訴對方。讀完這小節後，你可以試試每當對誰產生了好感，就提示自己一定要停下來，把你感受到的好感告訴對方。我敢保證，就這樣一個簡單的動作，一定會讓你的關係和生活獲得意想不到的幸福感。每一個微小的積極安撫，都可能成為雙方內心的一次重要療癒。

❸給予的積極安撫，一定要實際、真誠

當你給予積極安撫時，只有實際、真誠，才會使對方相信你是真心實意認可他。例如：「你今天換了一個鮮豔的口紅，看起來真有精神。」「你這個報告寫的特別有條有

理。」「你今天做的這個燉菜很入味，太好吃了！」一定要避免給予不切實際、誇大的棉花糖式安撫，例如：兩個人從未見過面，除了簡單聊過幾句外，再無交集，但一方稱讚另一方集智慧與美貌一身、為人高尚、無人能及，就顯得十分空泛虛假。如果一方表達透過和對方簡短的溝通，感覺他很機智、很容易讓人親近，就貼切、真誠得多。另外，之前我也提醒過，給予他人負面安撫時，記得一定要是「有條件的」負面安撫，才不會帶來人身攻擊的感覺。

❹非言語安撫也很重要

尤其是在伴侶、親子等親密關係中，一個喜愛的眼神、一個溫暖的擁抱、一次充滿理解的摸頭或拍肩、一次逗對方開心的小惡作劇，也許可以勝過千言萬語。

❺安撫就是安撫，不要加以利用

積極安撫之所以美好，正是因為它以正向的方式認可了一個人存在的價值。不要把積極安撫當成布置任務甚或推脫責任的開場白。例如：「你的工作能力很強，非常令人羨慕，這個任務就交給你了。」積極的安撫就是積極的安撫，只有保持它的真誠和純

粹，才有可能在關係中散發出治癒彼此的力量。

坦承、不含利用、可以直接分享感受和需要的「親密」

腳本理論所屬的溝通分析心理學流派，其助人目標之一是幫助人們實現「親密」。該流派提出的「親密」與通常意義上的親密並不相同。它並不是指情侶、親子等親近的關係，也不是指發生性行為這種親密的舉動，而是指人們彼此之間坦誠、不包含任何利用、可以直接分享感受和需要、可以自由給予和接受的內心靠近的狀態。因此，親密可以發生於瞬間並且可以在任何兩個人之間。例如，你戴了一副很有趣的眼鏡，在超市結帳時，收銀員看了你一眼，真心給了你一個大大的微笑。這時，你也看到了他，並發自內心回應他一個大大的微笑。這一刻，你們看到並認可了彼此的存在，共享了快樂的一個瞬間。在這一瞬間，你們體驗到的就是親密。再比如，工作單位有一個你不喜歡的同事，但有一天開會時，有人講了一個很好笑的笑話，你們兩個都大笑起來。有一刻，你們正好對視了一下。那一刻，你們都為這個笑話發自內心開懷大笑，儘管你們並不互相喜歡，但在那一刻，你們因為產生了共鳴、共享了快樂而體驗到了親密。

親密的感受是雙方極其真誠的交換了一次安撫，那一刻，你們彼此的存在被對方深深看見。人們在所謂的親密關係（如親子、伴侶）中，不一定會擁有親密的感受。只有彼此能夠真誠的相互安撫時，才有可能體驗到一個又一個親密的瞬間。而只有創造出許許多多親密的瞬間，才有可能真正串聯起擁有親密感的親密關係。

案例19 一件小事，就能改變僵化的關係

一位女士與老公的關係很僵，兩人經常相互指責、相互抱怨，十幾年來幾乎都是如此。兩個人早已感覺婚姻沒有意思，走不下去，更別提有親密感了。透過學習，這位女士做了一件很小但很重要的事，為他們的婚姻帶來了轉機。某個週末，她帶孩子去上課，老公在家做飯。她和老公說下午要早點出門，但回來後發現老公還在廚房忙，快要耽誤到她出門的時間。之前，她的控制型父母狀態總是最先跳出來，開始對老公一通指責。但這一次，她先讓自己停下來，想到晚一點出門也沒有太大的關係，老公煮飯也很不容易、很辛苦，他動作慢是因為他做得細緻，想讓自己和孩子吃得好一點。她及時平復了自己的情緒，

並把這份理解說了出來，老公很欣慰、很開心。原來經常大吵一架、摔門而去的局面，變成了平靜而又有點溫情的午餐時光，他們體驗到了久違的親密。

案例中的這對夫妻，先前的關係之所以那麼糟糕，正是因為他們彼此都沒有給予對方充分的安撫。雙方都處於安撫匱乏的狀態，因此總是相互抱怨、指責。當他們雙方都願意改變，能夠互相給予並接受對方的積極安撫，親密的感覺很快就會形成。回到腳本來看，如果我們每個人都能學會給予他人積極的安撫，我們就更有可能幫助彼此彌補曾經缺失的愛、修復內心、重寫積極的腳本。相反的，如果我們每個人都因為自己的傷痛，停止給予他人安撫，那麼我們所處的關係河流就會愈來愈乾涸，每個人只會感到愈來愈匱乏。因此，**改寫腳本不僅僅意味著從外界獲得滋養，也意味著我們願意給出滋養。**

練習 10

學會給予他人積極的安撫

本章，我邀請你進行的練習是「給予他人積極的安撫」。

步驟1 請根據本章內容，反思自己在給予他人安撫方面的風格是什麼？例如，我是「刀子嘴，豆腐心」，還是「豆腐嘴，豆腐心」等等？我對他人能夠慷慨給予安撫嗎？我能及時告訴對方自己對他人的好感嗎？我善於給別人真誠的安撫，還是棉花糖式誇張的安撫？我擅長給他人言語安撫，還是非言語安撫？

步驟2 基於你的反思，完成在給予安撫方面的一次小挑戰。比如，對你平時很少給予安撫的人，給予一次慷慨的積極安撫；再比如，如果你平時比較擅長言語安撫，今天挑戰給予一次非言語安撫。

步驟3 把你反思、嘗試的內容與感受記錄下來。

學員分享 Tong：

我覺得我是刀子嘴，豆腐心，在往豆腐嘴，豆腐心的方向努力。我覺得大多數情況下我不太好意思把自己真實的好感告訴對方，或者有些過於生硬客套。

我今天的挑戰是主動跟喜歡的男孩子聯絡，並向他請教了一些職場上的問題（他已經工作四年了），然後我表達了真誠的感謝和對他職場經歷的欣賞。

我之前有點患得患失，覺得他不主動找我，我就不想跟他聯絡。但今天在職場上遇到一些壓力，第一時間就想跟他分享、請教。他很真誠的給了我很多建議，然後還幫我一起計畫未來跳槽的步驟，甚至寬慰了我的疑慮，還說要想辦法幫我內部推薦，又說如果方便要來找我玩。我也真誠表達了對他的感謝和崇拜。我覺得這種感覺非常好，以前覺得自己主動很掉價，所以不敢，經常患得患失。相反，這次自己主動獲得了對方的正向安撫，同時自己也積極安撫了別人，覺得兩個人更靠近了，自己也避開了患得患失的感覺。還發現有的男孩其實就是不主動，但是只要我有問題他隨時都在。

後續發展：

我們在一起了！交往過程中，我繼續運用在認識時學到的真誠表達自己的想法和感受，同樣也引導對方表達自己的真實感受。我們克服了異地戀，一起跳槽到想去的城市，並克服了許多生活上的困難。

學員分享 **秦藝菲：**

我對不熟悉的人（一般人）是豆腐嘴，豆腐心；對熟人（家人）是刀子嘴，豆腐心。對於他人，雖然不能慷慨給予安撫、不能及時把好感告知對方，但是我會給他人真誠的安撫。我的言語和非言語安撫都不多，但相對來說，言語安撫會多一點。

以前經常批評我家先生，說他這裡不好、那裡不對。經過這個學習，我嘗試誇他一次。剛開始，他以為我哪裡有毛病，神經出問題了。後來誇多了，他知道是真的了。每次一誇他，他都滿臉笑容，昂首挺胸的。

其實人人都需要被讚美、被肯定、被欣賞、被認可，看到他被我誇得滿臉笑容、昂首挺胸的，我也很開心。那一刻感覺很幸福，或許這就是互相滋養吧。學習的感覺滿好的，繼續！

Chapter 16

找找看過去的你，收到過哪些人生寶藏

發現你腳本中的既存優勢

你能夠生存下來，並且能夠在此刻坐著、站著或躺著看書，說明你的腳本中已經有足夠強大的東西支撐著你，使你在這困難的地球生活中存活下來。很多時候，我們更容易看到自己的問題，而漠視了自己的資源。本章，我將帶你探索你的腳本潛藏的優勢。我們會一起打卡四個站。每到一站，你都可以看看在自己身上發現了什麼寶藏。接下來，就開啟腳本的尋寶之旅吧！

第1站：家族的「精神遺產」

我們每個人都不是憑空而來的，而是家族樹上的一個枝椏。也許你喜歡你的家族，也許你不喜歡，或者你喜歡一部分，不喜歡一部分。但是不管怎樣，你的身上都帶有家族的印記。

假如你喜歡並認同你的家族，你是幸運的，能夠從家族這棵大樹上汲取很多能量。假如你不喜歡或不認同你的家族，你依然可以從這棵大樹上吸取一部分你想要、對你有幫助的能量。你是家族的延續，你的存在就是家族之樹成功的證明。這棵巨樹從誕生之日成功延續到了今天，除了自然的生命力之外，你的祖輩也一定給後輩傳遞了有利於他們生存下去的精神遺產。

現在，請想想自己的家族，包括你在內至少三代人，有誰在你心中是傳奇或充滿力量的人物嗎？可以從下面三個方面思考：

思考1 家族中是否有誰在事業上或家庭生活中特別成功，是你敬佩的榜樣？

思考2 有沒有誰曾給你一些建議或忠告，或者對你說過某些話，對你一生的發展特別有用或讓你擁有力量？

思考3 家族中有沒有誰給了你特別的愛，即使很多人對你不好、不理解你，但這個人願意保護你、相信你、支持你？

在我過往的諮商工作中發現，即使是擁有很多創傷的人，在他們的成長過程中依然存在保護性因素。

例如，有的孩子的父母一直在吵架、一直在控制他，甚至虐待他，但是他的外婆總能理解他、認可他。再比如，有的孩子非常怯懦，但在離家讀書前恰好見到了一位潑辣的姑姑，這位姑姑告訴她「一個人出門在外，與他人和諧相處很重要，但勇敢表達自己的想法、不委屈自己也很重要」。於是，這個孩子獲得了一件護身法寶，在未來的日子裡，很多時候都敢於說出自己的真實感受、不讓自己受委屈。有的孩子看到媽媽下班後還利用夜間不斷學習、提升自己的專業技能；有的孩子知道自己奶奶經歷了很多苦難，即使有的孩子病死了，自己也差點病死，但依然頑強的活了過來、依舊樂觀而堅韌的活著。她們成為了他的榜樣，激勵他不斷拚搏。還有的孩子在出生前，爺爺就過世了，但他聽說爺爺曾經為國為民、行俠仗義的故事，爺爺成為他心中的英雄，他為自己是英雄的後代而自豪、自勉。還有的孩子出生於非常普通的家庭，但他知道某個親戚獲得了博士學位，雖然他很少和這個親戚來往，但親戚的經歷讓他看到了自己更多的可能性……。

這些，都是你從家族中獲得的禮物和養分，家族是我們出生後接觸的第一個系統，既然你生存了下來，就一定有某些正向積極的東西存在。那麼，你從自己的家族樹上獲得了哪些禮物和養分呢？

第2站：環境的「許可訊息」

本書第一部提到的十二種禁止訊息，是艾瑞克．伯恩的學生高登夫婦，透過臨床經驗總結出「人們從父母或重要他人那裡感知到的禁令」。除了禁令，我們也會從父母或重要他人對待我們的方式中，感受到「許可」。這十二條禁止訊息，每一條都擁有反過來的許可訊息。例如，小時候，父母看你的眼神經常是笑咪咪的，每次你從幼兒園回來，父母都非常開心的迎接你。你感覺到父母喜歡你，也喜歡和你在一起，那麼你就可能獲得「可以存在」、「可以重要」的許可。再比如，父母經常擁抱你，你也經常擁抱他們，無論遇到開心或不開心的事，你都可以和他們說，他們彼此也會交流想法和感受，那麼你就可能獲得「可以親密」的許可。再比如，父母經常會詢問你對家裡一些事情的意見、傾聽你的想法，把你視為家中重要的一分子，那麼，你就可能獲得「可以重要」、「可以歸屬」、「可以思考」、「可以長大」的許可。你每次取得了不錯的成績，就算不是最優秀的，父母也為你開心、稱讚你、為你慶祝，那麼你就可能獲得「可以成功」的許可……。

有時，我們並不能從家中獲得這些許可訊息，但可以從身邊其他重要他人那裡獲得。例如，很多人都說過自己遇過好老師，這位或幾位老師對他的喜愛、重視、尊重，讓他感覺到自己是個很棒的人。那麼，這個孩子就可能從老師那裡獲得了「可以重要」、「可以成功」的許可。

許可訊息還可能來自好朋友和伴侶。例如，在某位閨蜜那裡，妳永遠是她朋友榜上的第一位，妳們可以分享自己的失敗，也可以分享彼此的得意，妳們無話不說，從不擔心對方會否定或嫉妒自己，那麼妳就從她這裡獲得「可以重要」、「可以親密」、「可以成功」的許可訊息。

許可是寶貴的，它意味著我們允許自己享有滿意的腳本結局。接下來，請你反思自己擁有的許可訊息。當你將眼光從原生家庭擴展到老師、朋友、伴侶等新系統時，你發現自己擁有了什麼呢？你可以在下頁的表格中，評分各項許可的等級。每一項許可的滿分為十分，你可以在適合自己的數字上畫圈，評估自己在哪些項目上已經獲得了較好的許可。

許可分析單

（請評估你獲得的許可等級，許可程度愈高、分數愈高；許可程度愈低、分數愈低。）

❶可以存在	1	2	3	4	5	6	7	8	9	10
❷可以健康	1	2	3	4	5	6	7	8	9	10
❸可以重要	1	2	3	4	5	6	7	8	9	10
❹可以歸屬	1	2	3	4	5	6	7	8	9	10
❺可以親密	1	2	3	4	5	6	7	8	9	10
❻可以做自己	1	2	3	4	5	6	7	8	9	10
❼可以成功	1	2	3	4	5	6	7	8	9	10
❽可以長大	1	2	3	4	5	6	7	8	9	10
❾可以做小孩	1	2	3	4	5	6	7	8	9	10
❿可以思考	1	2	3	4	5	6	7	8	9	10
⓫可以感受	1	2	3	4	5	6	7	8	9	10
⓬可以行動	1	2	3	4	5	6	7	8	9	10

需要說明的是，**真正的許可不會帶來困擾，因為它不與任何強迫連結**。真正的許可只包含允許，就像持有駕照。持有駕照並不意味著你必須開車，而是你願意開就可以開，不願意開就可以不開。因此，如果在親子關係或伴侶關係中，有人說：「你倒是說出你的感受呀，我都給你許可了，你怎麼還不說呢？早知道就不給你了！」那麼，這是強迫，並不是真正的許可。

第3站：驅力中蘊藏的「做事風格」

本書第一部，我們介紹了人們用以對抗腳本禁令的五種驅力，分別是：❶要堅強；❷要完美；❸要討好；❹要努力；❺要趕快。這五種驅力雖然為我們的價值設定了條件，並不斷驅使我們，但其中確實隱藏著我們每個人具有優勢的做事風格。這些不同的風格，促使我們在工作中有不同的優勢表現。具體來說：

．**「要努力」的人**，在工作和課業中十分勤奮，他們常常可以把很多精力投入到任務中，展現出很高的熱情。

- **「要堅強」的人**，能夠承受很多壓力，善於保持冷靜與穩定，具有強烈的責任感，即使遇到不喜歡的任務，也能穩定、可靠的完成。
- **「要完美」的人**，奉行「做一件事，就要做好」的理念，要求各種工作細節必須準確、到位，不論內容、格式、創意都會盡善盡美。
- **「要趕快」的人**，會用最短的時間完成任務，並且會不斷尋找完成任務的最高效方法，他們擅長並享受同時做很多事的狀態。
- **「要取悅」的人**（作為做事風格，「取悅」比「討好」的表達方式更恰當），是非常好的團隊成員，他們喜歡和別人在一起，真誠的對別人感興趣，喜歡了解別人的喜好，並願意滿足別人，非常有助於團體的和諧。

當然，每種風格的人都有其不足。例如：「要取悅」的人可能因為過於注重和諧，而缺乏原則；「要趕快」的人可能因為過於注重效率，而忽略準確性；「要完美」的人可能因為太看重細節完美，而不能遵守時間進程；「要堅強」的人可能因為過於希望展示強大，而隱藏弱點；「要努力」的人可能因為太過投入，而過早消耗完精力，善始不善終。但是，正是我們每個人鮮明的風格及其這種風格帶來的優勢，使我們在一個團體中具有不可替代性。

如果你能夠區分「風格」和「驅力」，將十分有利於你的心理健康，也就是知道努力、堅強、完美、趕快、取悅他人，只是自己做事的原則和方法，而不是自身是否具有價值的評判標準。當「風格」轉化為「驅力」時，這些優勢就會轉變為束縛的枷鎖。

我們每個人可能都有這五種風格，但其中一到兩種最典型。你發現自己的優勢風格了嗎？

第4站：早年直覺性的「生活智慧」

最後一站，我們回到你的腳本故事，看看你出生於地球後，最早學會的生活智慧是什麼。

我們幼年時反覆傾聽的故事中，包含了我們的願望、恐懼、疑問，或對自己和他人的態度[24]。但即使是在最惡劣的情況下形成的腳本，只要孩子能夠想到方法對付故事中的魔鬼——其中也包含著人生有所成就的部分——這個對付魔鬼、取得成功的方法，就是我們最早形成的生活智慧，也可能是我們一生向積極方向發展的核心推動力。

在我生活的北方地區，有一個代代口耳相傳的故事，音譯名叫《孟冬冬和廖吊吊》（兩個小朋友的名字）。這個故事有點嚇人，但小時候的我們經常要求大人一講再講，並聽得津津有味。不知道在你的家鄉，是否也流傳著類似的故事。

這個故事的大意是：

孟冬冬和廖吊吊是兩兄弟，老大孟冬冬很瘦小，但很聰明；老二廖吊吊很胖，但有點傻。有一天，他們的媽媽被妖怪吃掉了。之後，妖怪變成了媽媽的樣子來到他們家裡。晚上，妖怪變成的媽媽說：「誰胖誰挨娘，誰瘦誰靠牆。」目的是讓胖孩子靠近，方便吃掉他。廖吊吊一聽到媽媽這麼說，不管三七二十一就嚷嚷著：「我胖我挨娘。」而孟冬冬覺得這個媽媽有些奇怪，正好想靠著牆睡。半夜，胖胖的廖吊吊果然被吃掉了。孟冬冬聽到了聲音，確認了這是妖怪，第二天設計打死了她，並活了下來。

以前，我一直覺得這個故事有些殘忍和恐怖，也經常從負面角度來解讀這個故事。例如，這個故事暗示孩子不能信任身邊的人、不要靠近權威人物等等。但如果從積極的角度來看，這個故事也包含在不確定的事情面前，要善於觀察、保持清醒和冷靜、避免頭腦發熱的衝動行為的重要生活智慧。

再比如，有人最早聽到且印象深刻的故事是《小馬過河》。這個故事的大意是：小馬想過河，但牛說河水很淺，松鼠說河水很深，小馬不知道該怎麼辦。小馬的媽媽告訴他：「你自己試試看就知道了。」後來小馬親自嘗試後發現水不深也不淺。這個故事對這位朋友來說，意義非常明顯。雖然她在長大後經常遇到困惑和迷茫，但在她內心深處，總有一個不言自明的智慧，就是：需要不斷親身嘗試，才知道事物的最終答案。

接下來，請你探索隱藏在自己幼年聽過的故事中的生活智慧。請你想一個七歲前聽過且印象深刻的故事，以童謠、童話、歌曲等等形式展現的故事都可以，而且愈早愈好。想好後，嘗試剖析故事中蘊含的、對你後續發展起到積極作用的生活智慧。如果你想不出什麼故事，可以想：假如你現在要說個故事給一個四歲孩子聽，你會講什麼？然後再分析這個故事中包含的生活智慧。需要注意的是，故事不能是發生在自己身上的真實事件，必須是你聽來的故事。

看見我們已經是自己人生中的「天才」

到這裡，我們就完成了本章的四站打卡。首先，我們探索了家族帶給你的精神遺產；其次，我們探索了你從家人或重要他人那裡獲得的許可訊息；再次，我們探索了你的優勢風格；最後，我們探索了隱藏在你最早聽過的故事中的生活智慧。當你從消極的視角轉換到積極的視角分析自己的腳本時，你的感受有什麼不同嗎？物理學家愛因斯坦（Albert Einstein）曾說：「每個人都是天才。但如果你用爬樹的能力評價一條魚，牠將終其一生感覺自己是個笨蛋。」如果我們總是用別人可以做到的事來衡量自己，就總會覺得自己不夠好。只有能夠真正看到成長環境對自己的深刻影響，並看到每個階段的我們已經做出了當時能夠做到的最好努力，才能深深理解自己、對自己慈悲。而**只有你能從積極的視角理解和熱愛每個階段的自己，才能發現我們每個人都已經是自己人生的「天才」，形成「我是好的」的牢固信念，從而相信自己配得上幸福、美好的腳本結局。**

練習 11 提取你的腳本優勢

本章，我邀請你進行的練習主題是「提取腳本中既存的優勢」。

步驟1 透過今天在四個站打卡，列出你發現的自己腳本中的優勢。

步驟2 回憶最近一段時間發生的，讓自己體驗到成功感或成就感的事件。這個成功感或成就感不一定要非常高，事件不一定要非常大，相對覺得自己做的比較好就可以。然後，看看其中是否體現了你上一步分析出來的優勢呢？

步驟3 寫下你最喜歡的一句格言或諺語。如果沒有，就現場創造一句。這句格言或諺語體現了此刻你向人生下一幕發展的內心直覺性智慧。

做完練習後，來看看其他學員的分享。

學員分享 李聲慢：

第1站 家族的精神遺產

爺爺是老一輩中國坦克專家，多年參與中國軍工武器的研發，他參與研發的兵器多次在國慶閱兵儀式上展演。他治學態度嚴謹，工作資料保密度極高，連最親的人都不讓看一眼。他儒雅幽默的為人，對待老婆和女兒溫柔的風度，都讓我覺得這真是一位可敬可愛的長輩，讓我特別想要一位像他一樣的愛人。

爺爺是小山村出身逆襲成為大城市高級電力工程師的絕佳榜樣。爸爸、叔叔、姑姑從小以他為目標，一直在追趕但從未超越他。爺爺特別有文采，雖然自己從事理工類型的工作，但他身上頗有文人墨客的氣質，老年後常常透過生活有感而發的寫詩，是才學兼備的老人。爺爺代表爸爸一脈的家人，他們很有家族意識，兄弟姊妹非常團結，雖然某些處事風格是我無法認同的，但是這股凝聚的力量還是給了我很大的歸屬感。

第2站 成長環境中的許可訊息（滿分十分）

・可以存在（三分）：偶爾也會被評價：「要是沒有妳，我們早就離婚了。」

‧可以重要（八分）：妳是爸爸媽媽最重要的人，也是今生最珍貴、最重大的成就。

‧可以成功（七分）：媽媽相信妳，我女兒是最優秀的。

‧可以健康（五分）：保護好自己。

‧可以歸屬（七分）：爸爸媽媽永遠在妳身後。

‧可以親密（六分）：經常擁抱和表達關愛。

‧可以思考（四分）：偶爾會被指責：「別想那麼多了。」

‧可以感受（七分）：媽媽明白，按照妳自己的感受來；爸爸知道，心情好最重要。

‧可以行動（八分）：決定好了就去做吧，不用害怕。

‧可以長大（七分）：婚後離家，父母給了我充分的自主選擇和後援支持。

‧可以做小孩（九分）：妳永遠是爸媽的寶貝，在爸媽這裡妳最重要。

‧可以做自己（四分）：偶爾會被指責：「妳不該這樣，妳應該怎樣怎樣。」

第3站　做事風格

「要努力」最高，第二名是「要討好」，「要堅強」最低。「要努力」的風格源自於我的家庭，從小爸爸就用爺爺逆襲改變命運的故事一直教導我必須努力，一定要努力等等。

第4站 早期生活智慧

小時候，爸爸給我看過一本他最喜歡的小說《假如還有明天》，講述了一個天真浪漫的姑娘被愛人陷害，偷盜寶石而入獄。在獄中，她受盡了獄友的凌辱和折磨，但就在她關禁閉期間，她回想起年少時父親教給她的冥想和功夫。回到牢房後，她用智慧制服了獄友，並讓大家對她肅然起敬。就此她展開了復仇之路，不僅透過法律嚴懲了渣男，還真的將寶石偷走，最終變成億萬富翁，過程中還收穫了愛情。這個故事我讀過之後也非常喜歡，它告訴我在人生的任何情形下都應該要冷靜對待，戰勝困難的力量本就藏在自己心裡。

今天中午，我接到了一通電話，電話那頭通知我月初報名參加的動漫配音大賽已經進入複賽。這件事情不算特別大，但卻給了我很多成就感。對應我的做事風格——要努力。我的確在提交參賽作品時反覆錄製了很多次，不停揣摩主人公當時說話的重音、速度、呼吸、腳步和情緒，讓自己完全融入。當然，參與這類比賽以及保留配音這項興趣，離不開家裡人的支持和讚許。母親一直鼓勵我追尋自己喜歡的事情，她從來不阻止我看小說、擔任主持、配音，儘管這些都無法支持我的事業和學業，但她鼓勵我感受不同經歷帶來的不同體驗，支持我展示自己的才藝等等，這些都讓我變得自信和愉快。

從前我的格言是《亂世佳人》（*Gone with the Wind*）*中，主角郝思嘉含著淚說的那句：「Tomorrow is another day.」但經過這段時間的學習，我突然覺得，不想再將希望寄託於tomorrow，突然想起自己特別喜歡《鐵達尼號》（*Titanic*）**裡面，傑克對蘿絲說的那句：「Make each day count!」年輕的生命就該瀟灑肆意的活著，與其想著明天又是新的一天，不如就珍惜當下，就從今天、這一刻開始。

學員分享　李慧芳：

今天學習用積極的視角分析、理解各個階段的自己。在我心裡，是家庭的打罵，奶奶、媽媽成長中的不幸，造成了我的創傷以及悲觀的性格。今天老師說從不同的角度去看，在消極中找到積極的部分。也是，雖然我從小自認為活得慘，奶奶的媽媽還有兄弟姊妹，在她三歲時都去世了，奶奶的第一個孩子出生十七天就去世，媽媽又是個受氣包，我三個月大的妹妹在我三

* 美國小說家瑪格麗特．米契爾（Margaret Munnerlyn Mitchell）的小說《飄》所改編的電影。

** 一九九七年上映的美國史詩浪漫災難電影，以一九一二年由英國開往美國但於途中沉默的郵輪「鐵達尼號」為背景的故事。

歲多時窒息去世，所以這個家在我心裡有很多壓抑住的哀傷、互相攻擊。現在看來，奶奶即使有很多不幸，可是生活中她是個能言善道、很堅強的強者，是家裡的主心骨。媽媽雖然總是不想活，可還是為我和弟弟一直活著，她們是愛我們的吧，只是給出的愛不一定是我要的而已。爺爺很溫和，即使發脾氣我也不怕他，大概是小時候給過我最多溫暖的人。說到這裡很感動。還有我的小學、中學、高中老師，都記得我、喜歡我，大概因為我是懂事、成績好的孩子。可惜後來我成績愈來愈差，很愧對老師們，可是他們對我的好和關心永遠在心裡。現在還有一位朋友，總是給我無私的關懷和鼓勵，遇到困難時身邊總會有朋友支持我。想到這些，我是一個從不缺愛的人，而平時我總認為自己很慘、很倒楣，今天卻發現即使遇到很多不開心，我身邊從不缺支持與陪伴我的人，感恩他們的存在。

其實說到最近成功的事，是我的女兒。因為各種原因，孩子有半年沒上學，但仍順利的中學畢業。現在，放假她開始在家上線上課程，準備預習高中的內容了。這個過程中，我身邊一直有朋友、老師支持著我，我自己也一直在這個過程中自省學習，看到孩子的變化和有了學習的動力，我是有成就感的。只是不知為什麼，目前我又開始恐懼，好像過去對待孩子、對待家人的舊習慣總是要冒出來。回想這半年，我真的做得很好了，加油慧芳，繼續學習允許、放下！

想到一句話：你可以犯錯，可以從錯誤中學習！

Chapter 17

讓我們脫離虛假的人生執念

區分腳本世界與現實世界

首先，我們一起回顧一部電影。這部電影的上映時間雖然有些久遠，但由於它講述的故事太過精采，至今仍被奉為經典。

這部電影就是一九九九年上映的著名科幻片《駭客任務》（*The Matrix*）。很多人可能都看過這部電影，它描述的是一個科技已經發展到極致的世界。在這個世界，每個人的大腦都透過一根管子連接到Matrix，也就是「母體」上。母體是一台超級計算機，它可以透過運算，向人類大腦傳遞各式各樣的電子訊號，從而製造出一個虛擬的美好世界。換句話說，凡是大腦連接在母體上的人，就會立刻進入這個虛擬世界，並把這個虛擬世界感受為現實世界。他們可以感受到高樓大廈、公共交通、各種美食、各種人際圈子，也可以感受到自己在這個世界每天上下班，擁有各種喜怒哀樂。總之，他們「感覺」自己活在現實的世界裡，但實際情況卻是人類已經被機器控制，每個人都連接在母體上被機器飼養和奴役。在這種情況下，劇中的男主角得到了一紅一藍兩顆藥丸。吃下藍色藥丸，意味著他可以繼續生活在母體創造的美好世界裡，繼續做著白領工作，每天上班下班，甚至還可以談上一場轟轟烈烈、刻骨銘心的戀愛；而吃下紅色藥丸則意味著他要拔掉頭上與母體連接的管道，從虛擬世界中走出來，進入現實世界、擺脫母體的控制、看到人類已經被機器奴役的現狀並開始對抗。男主角面臨著選擇。

影片的大致劇情先介紹到裡。你可能會好奇，這部影片和我們所談的腳本及改寫腳本有什麼關係呢？答案是：這部影片對虛擬和現實關係的描述，很像我們接下來要討論的腳本世界與現實世界的關係。

學會區分腳本世界，讓我們不再困住

透過前文我們已經知道，「人生腳本」是基於我們童年的選擇和決定而形成的人生計畫，這個計畫被後續發生的事件不斷證明其合理性，最終導致某種已經選擇好的結局。接下來，我們先一起看一個名為笑笑的女孩的腳本。

案例20 為什麼自己注定失敗又孤獨的感覺，總是揮之不去？

笑笑小時候很孤獨，缺乏父母的關注和陪伴，她曾經抗爭過，但除了被父母責罵外，什麼改變也沒有。於是，她形成了「我沒有價值，沒有人關心我，我的人生注定失敗又孤獨」這樣的腳本信念。在之後的成長過程中，笑笑會格外記住那些自己受到忽視、沒有人關心她的事件，從而不斷強化自己的腳本信念。再後來，即使朋友和同事都很關注她、認可她，她也會透過「安撫過濾器」，把這一切都漠視掉，繼續強化她曾經的腳本信念：我不值得愛，沒有人會真正關心我，我注定失敗又孤獨。

這個簡短的故事，就能體現出笑笑生活的兩個世界：一個是現實世界，意思是此時此地的真實世界；一個是腳本世界，艾瑞克．伯恩把它定義為腳本上演時被扭曲的世界，也是我們的「兒童自我」生活的世界。

如果笑笑能夠處於現實世界，就會看到她有三、五個關係不錯的朋友，還有一個很愛她的男朋友——即使偶爾會吵架，但男朋友還是很關心她。她也在努力成長，逐漸成為愈來愈有能力的女人，可以處理工作中的很多問題，也能夠學會處理關係中的很多衝突。但是，一旦她遭遇了誤解或不公平的對待，尤其在她壓力很大或者身體很疲憊時，外在環境刺激就會觸動她的情緒開關，使她一下子就進入腳本世界，體驗到一種熟悉的感覺：「我被世界拋棄了，沒有人愛我、沒有人關心我，我非常可憐，我的未來也是一片灰暗。」這時，笑笑彷彿成為了《駭客任務》中的人物，原本處於現實世界的她，大腦突然連上了一根管子，一下子就進入了腳本世界。

如果笑笑的「成人自我」足夠強大，經過平靜和休息，她很快就能從腳本世界，即「兒童自我」的世界中走出來，看到自己雖然有不愉快的經歷，但生活中還有很多美好和值得期待的東西，自己能夠克服困難、解決問題，充滿希望的生活下去。但如果她的「成人自我」不夠強大，就會混淆兩個世界，把腳本世界錯當為現實世界，以為腳本世界中的結局（失敗和孤獨）就是自己在現實世界的結局，然後感到恐懼或憂傷。

當聽到很多人哭訴自己的可憐、不幸和對未來的悲慘預期時，我一方面會為他經歷過的傷痛感到難過和遺憾；另一方面，也會堅信這並不是故事的全部。這只是他進入悲慘的腳本世界後信以為真的感受，當他走出腳本世界，就會發現一切都與此不同。

腳本可以分為積極的腳本（贏家腳本）、中性的腳本（非贏家腳本）、消極的腳本（輸家腳本）。**積極的腳本包含很多許可，具有很強的靈活性，擁有令人滿意的腳本結局。消極腳本則包含很多禁令，具有很強的僵化性，並且擁有令人遺憾的腳本結局**（實際應用時，當人們談到腳本，往往指輸家和非贏家腳本）。隨著深入探索腳本，如果你發現自己的腳本其實很積極，或者沒有原來想像的這麼糟糕，又或者發現自己已經在慢慢改變，這都是重要而可喜的發現，是值得慶祝的！

跳出腳本世界的限制，找回積極的人生

處於消極的腳本，是什麼感受呢？簡單來說，就是有種熟悉的糟糕感，彷彿被熟悉的負面感覺籠罩。伯恩曾用「瓶子」做過比喻，他說[25]：如果有人願意改變腳本，他的墓誌銘一定更鼓舞人心。幾乎所有虔誠的墓誌銘都可以被火星人*翻譯為「出生在瓶子裡，並一直待在其中」。墓地中一排一排十字架下長眠著具有相同座右銘的人，不過，時不時會有驚喜：「出生在瓶中，但我跳出來了。」

能夠跳出腳本世界並不容易，曾經有人做過這樣的描述：「處於腳本世界時，我感

覺很難受，就好像穿了一件不合身的衣服，但脫掉這件衣服太危險了，會感覺像在世界裡裸奔。」因此，**待在腳本世界雖然讓人不舒服，但至少它是熟悉的，對當事人具有一定的保護作用。而離開腳本世界進入現實世界則像失去了鎧甲，讓人覺得陌生而脆弱。**這正是為什麼有人的現實生活明明已經過得很好，但仍舊害怕放鬆的原因——他的身體雖然生活在現實世界，但頭腦和內心還生活在腳本世界，他看不到現實世界中曾經遭遇過的危險已經不復存在。時間已經往前流動，而他還停留在過去。在腳本世界裡，他要時時刻刻保持警惕，做好隨時失望的準備。他怕如果放下了鎧甲，危險來臨時自己會不堪一擊。

如果想走出腳本世界，可以一點一點嘗試，慢慢走出來。不要想著一下子就擺脫，過猛的跳脫會使人感覺像一下子被扒掉了舊衣服，但又沒有新衣服可穿，這種感覺十分恐怖。因此，我們可以穿上一件新衣服，丟掉一件舊衣服；再穿上一件新衣服，再丟掉一件舊衣服……如此往復，經過一段時間的積累，整個人就會煥然一新。這時，也意味

---

* 為了區別我們一般日常生活中使用的思考模式與說話方式，艾瑞克・伯恩以「火星人」，來代表孩子最初思考和感受世界的方式。

著你經過一點一滴的努力，終於走出了腳本世界，扎實的進入現實世界。

之前做過腳本工作的人，這樣描述自己有過的感受，她說：「整個過程可以用『天翻地覆』來形容。兩年前感覺自己非常封閉、害怕很多事情、看不到很多可能性。現在感覺自己隨時可以整裝出發，對自己、對未來有了更強的控制感。腳本世界就像思考和情感的牢籠，雖然待在其中並不舒適，但會讓人有安全感。但是當我們跳出來，就會發現真實世界其實沒有那麼危險，很精采！」

去除腳本世界的汙染，找回真實的世界

在腳本工作中，能夠區分腳本世界與現實世界十分重要。我們將這個工作稱作「去汙染」。當一個人處於「汙染」狀態時，他會把「兒童自我」生活的、過去的世界錯當成當下的真實世界。

當一個人完成「去汙染」後，就可以清楚區分這兩個世界，並在很大程度上獲得對自己命運的掌控感，而非感覺自己注定會走向某種既定的悲慘結局。一個人的汙染程度較低時，可以透過成長過程中自然發生的事件、接受培訓、看書、與朋友交流等方式完

成去汙染；但汙染程度較高時，就需要透過專業的心理諮商或心理治療完成去汙染。

在日常生活中，你可以透過以下三方面，加強區分腳本世界和現實世界的能力：

❶認清自己的「情緒黑洞」

「情緒黑洞」是自己狀態不好時，常常會掉入的熟悉感覺或熟悉劇情裡。例如：某人每次被否定、被誤解或者沒有獲得自己想要的支持時，都會感覺非常難過、傷心，覺得沒有人可以依靠，想要離開這些傷害自己的人；然後，他會覺得可能永遠沒有人能真的懂自己，自己最終的人生會非常孤獨、可憐，什麼都得不到。這種反覆出現的感覺和劇情，就是他的情緒黑洞，也就是「腳本世界」。另外，需要注意的是，人們每多進入一次情緒黑洞，黑洞給他的感覺就會比上一次更黑暗。

❷熟悉「成人狀態」的感覺

當我們處於成人自我狀態時，能夠理智看待自己面對的問題，不僅能看到問題的困難點，也能看到解決問題的資源，同時能謹記自己想達成的目標或狀態，不斷探索解決問題的方法。雖然也會遭遇挫敗和打擊，產生不舒服的感受，但不會像掉到情緒黑洞那樣，完全被糟糕的情緒壓倒。

❸學會走出腳本世界

如果熟悉的糟糕情緒和糟糕劇情已經啟動，你可以採取以下三個步驟幫助自己更快走出腳本世界，回到當下的現實世界：

步驟1 提醒自己，糟糕的感覺只是提示自己進入熟悉的腳本世界而已，不代表腳本世界就是自己的全部世界。

步驟2 允許自己感覺糟糕一會兒，但同時大力提醒自己「方法總比問題多」，一定可以找到解決問題的方法。

步驟3 透過回憶自己腳本中的優勢、回憶過去接受過的積極安撫、主動尋求他人的積極安撫、給予自己積極安撫、利用幽默等等方式（主要是能夠撫慰受傷的「兒童自我」的方式），喚醒自己積極的情緒體驗和人生劇情，從而替換消極的劇情並撫平消極的感受。

幫助自己走出腳本世界的三個步驟，是建立在前兩方面（認清自己的「情緒黑洞」、熟

悉「成人狀態」的感覺）的基礎上。前兩方面做得愈好，愈容易走出腳本世界。腳本世界早已不是我們當下的現實，現在的你已經具備足夠的能力穿越它了！

練習 12

探索你的情緒黑洞

本章，我邀請你進行的練習是探索自己的「情緒黑洞」。

步驟 1

請回想每當你狀態不好時，常常會掉入什麼樣的熟悉感覺或熟悉劇情裡。當你處於這個情緒黑洞時，會對自己、他人以及自己的人生，有怎樣的感受和想法？情緒黑洞中熟悉的感覺和劇情，就是你的腳本世界。

步驟 2

假如洞中有一把梯子，可以幫助你走出這個情緒黑洞。你覺得自己現在可以靈活的從梯子上爬出去嗎？如果你可以非常靈活的出去是一百分，你現在能達到多少分呢？告訴自己：隨著自己對這個黑洞愈來愈熟悉以及自己爬梯子的技巧愈來愈熟練，自己可以靈活出入黑洞。

步驟3 探索黑洞之外的世界，並描述這是什麼樣的世界。你期待自己在這個世界怎麼表現、怎麼與別人互動，以及擁有怎麼樣的體驗和感受呢？

學員分享 Henry. W：

自己狀態不好時，我感受最多的是焦慮，而焦慮背後的核心情緒應該是恐懼。處在情緒黑洞時，自我價值感非常低，「我完了」、「我不好」的聲音成了背景音樂。

如果非常靈活的就可以出去是一百分，我現在能達到七十分。首先是對自己、對情緒有了更多的了解，不抗拒情緒、不害怕情緒。其次是掌握了一些與負面情緒相處的方法，主要是與身體的連結加強了，以前都是發展頭腦的智慧，現在也開始發展身體的智慧。練習正念之後，對身體感受的接納程度提高了。最後，在和情緒相處方面，積累了愈來愈多成功經驗。

步驟3 黑洞之外的世界

借用魯米（Jelaluddin Rumi）*的詩來描述就是：

有一片田野，它位於
是非對錯的界域之外。
我在那裡等你。

當靈魂躺臥在那片青草地上時，
世界的豐盛，遠超出能言的範圍。
觀念、言語，甚至像「你我」這樣的語句，
都變得毫無意義可言。

Out beyond ideas of wrong doing
and right doing there is a field.

* 波斯詩人。

I'll meet you there.

When the soul lies down in that grass
the world is too full to talk about.

在這個世界裡，我做真實的自己、做自由的自己。

學員分享　舒言：

當我掉入情緒黑洞時，我會陷入自我懷疑，什麼都不想做，或者只是想想卻不行動。然後自我厭倦，陷入重複的循環之中。對別人，我會覺得沒人能幫助我，也沒人能懂我的心，不願意和別人接觸。對人生會感到失望，可能會抱有一絲絲的期待，卻抵不過身處黑暗的內心活動。

如果非常靈活的走出情緒黑洞是一百分，我現在能達到六十一分。感覺自己很容易陷入一種情緒或情景中，很極端的沉迷其中，只有經歷一個大的外在和內在轉變才會改變現狀。但我又覺得我總會在合適的時機爬出情緒黑洞，所以在不斷磨練的過程中，我告訴自己：「隨著我的成長，那個黑洞已經無法束縛我，我知道真正制約我的只有我的內心，所以我可以明確的意識到並展開行動，升級過往的經驗。我可以靈活出入黑洞。」

黑洞外的世界可能是繽紛的世界，是充滿未知的，有很多線交織在一起的世界，會有不同顏色、不同個性的靈魂，也會碰撞交織出不一樣的故事，互相有所羈絆和牽扯。我期待自己可以不斷成長，無論路途如何，就是享受、跳脫出恐懼，活得更瀟灑，和更多人碰撞出更多火花，嘗試更多、經歷更多，感受酸甜苦辣。找到內在的力量、活在當下。

Chapter 18

放下執念，重新改寫你的人生腳本

從累積建設性迷你腳本開始，改寫你的人生

「破壞性」迷你腳本與「建設性」迷你腳本

本章，是本書的最後一個主題「迷你腳本」。迷你腳本什麼意思呢？

伯恩曾在書中進行過如下闡述[26]：

「在整個人生腳本的大框架內（例如：由巨大的失望導致的自殺），腳本在每一年重複（例如：由失望造成的聖誕憂鬱）。也可能在每年的每個月中重複（例如：經期失望）。或者以更小的規模每天重複。或者更微小，每小時重複。有時，僅僅是幾秒鐘就可以展現出『患者的人生故事』。」

例如，小海的腳本是認為自己是個很懶惰的人，最終會一事無成。他在幾分鐘甚或幾秒鐘內就可以把這個劇情上演一遍。像是，某天他打算早早起來學英語，但一不小心睡過了頭。睜開眼睛看到時間的那一刻，他就在心裡對自己說：「我真是太懶了，我又失敗了，我最終肯定一事無成。」早上這幾分鐘就彷彿一個腳本小劇場，把他一生的縮影展示了出來。

這個小劇場每星期可能上演幾次。比如，他在朋友圈關注了一個身材很棒的朋友，他既想看到對方的好身材，又不想看到。想看到是因為很欣賞對方，希望了解美好的事物，不想看到是因為他的照片總會提醒自己臃腫肥胖的肚子。有一天，他在瀏覽朋友圈時，猛然看到了這位朋友發的好身材，於是他開始出現糟糕的感覺，在腦中再一次對自己說：「我真是太懶了，想減肥總減不下來，總是失敗，最終我肯定一事無成。」就這樣，他又一次快速上演了自己的腳本劇情。

而迷你腳本又能進一步細分為「破壞性」和「建設性」。

破壞性迷你腳本

破壞性迷你腳本的歷程一般如下：

首先，人們對自己強加要求（即驅力）。例如：認為我必須勤奮努力才是好的、有價值的；我必須做到完美才是好的、有價值的；我必須讓別人喜歡我，才是好的、有價值的；我必須強大、能獨立解決一切問題，我必須擁有旋風速度、雷厲風行才是好的、有價值的。當他開始這樣強求自己時，如果能夠做到，就一切順利，他的自我感覺也很好；一旦做不到，問題就會產生，他會開始強烈否定自己。令人遺憾的現實是，這些條件或標準總會有做不到的時候，例如：就算一個人使盡渾身解數讓他人喜歡自己，總會遇到一個或幾個對他無感，甚至不喜歡他的人。

當人們達不到自己為自我價值設置的條件和標準時，就會進入第二個階段——感受到禁止訊息帶來的失落與挫敗。例如，他一旦發覺到有人不喜歡自己，就會體驗到自己是不重要的、不成功的消極感受。

接著，當事人要麼進入叛逆兒童狀態，開始變得憤怒，透過指責、犯錯、拖延等方式進行報復；要麼就進入絕望狀態，開始感受孤單、不被需要、不被愛、沒有價值、被脅迫、無助等感受。進入報復狀態的人，最終也會以絕望收尾。

破壞性迷你腳本，從一個人開始為自我價值強加條件開始，就彷彿打開了一扇通往地下室的門，愈走愈黑暗。

建設性迷你腳本

建設性迷你腳本的歷程一般如下：

首先，人們給予自己很多滋養、來自養育型父母的外在聲音。例如：你可以犯錯、你可以不完美、你不必討好每個人、你不需要匆匆忙忙，可以慢慢來。

接著，他被束縛的「兒童自我」，就會感受到「我可以」的前進力量。他的自由兒童會得到釋放，放下憤怒、怨恨或自以為是，確認自己和他人都是「好的」。

最後，進入讚歎人生的感受中，充滿了力量感、滿足感、喜悅感、興奮感，並能夠覺察到新選擇。

在每個時刻，人們要麼處於建設性的迷你腳本中，要麼處於破壞性的迷你腳本中。你覺得現在的你，從時間使用來說，有多少比例是處於建設性迷你腳本，又有多少比例是處於破壞性迷你腳本呢？如果你處於建設性迷你腳本的比例已經在不斷提高，那麼毫無疑問，你已經走在建構積極腳本的路上了。

一點小小的轉念，累積你的建設性迷你腳本

迷你腳本這個概念，對改寫人生腳本來說非常有用。我們回到前面打算早起念書但最後睡太晚了的小海身上。假如，某天早上，他打算七點起來念書，但一睜眼已經九點了。此刻，如果他開始自我批判，批評自己一點都不努力、太懶了，接下來，破壞性迷你腳本序列就會啟動——他會開始否定自己的價值，然後可能開始仇恨自己、仇恨他人（例如：罵自己是個廢物，罵別人給自己帶來太大壓力）。最後，發展到「相信自己是沒有希望的失敗者」這個絕望的位置。透過這個序列，他在幾分鐘或幾秒內就累積並強化了一次消極腳本。但如果他在睜開眼看到九點的那一刻，轉換迷你腳本類型，對自己說：「我睡太晚了，這證明我需要更多休息，沒關係，我從現在開始念書也可以。」那麼，接下來，建設性迷你腳本序列就會啟動——他不帶情緒的迅速起床，因為經過了充分的休息，所以念書的效率很高。最後，他可能會驚訝的發現，雖然晚了兩個小時起床，但事情並沒有耽誤多少，該做的都做完了，不僅身心愉悅，還很有成就感。這樣，他在很短的時間內就完成了一次建設性迷你腳本的循環，積累並強化了一次積極的腳本。

改變整個人生是一項巨大的工程，通常給人一種無從下手的感覺。但是，**當你能夠**

一次又一次將破壞性迷你腳本，扭轉為建設性迷你腳本時，隨著累積，你的整個人生腳本自然就得到改寫。

英文中有一句話叫作「less is more」意思是「少即是多」。很多時候，希望立刻做出巨大改變，基本上都是「欲速而不達」。相反的，如果能夠從一點一滴的細微處著手改變，累積起來轉頭回望時，就會發現自己已經登上了高山。

案例21 明明拿得一手人生好牌，為什麼卻被自己打得這麼爛？

小北是一位天資聰穎的男生，從小就是同輩群體中的佼佼者。進入一所優秀的大學後，因為遭遇挫折，情緒低落、一蹶不振。後來雖然勉強畢業，但並沒有像其他同學一樣繼續深造或找到光鮮亮麗的工作。他持續陷在負面情緒中，覺得自己原本拿著一手好牌，卻打得超爛。看著身邊的同學取得一個又一個好成績，他感到愈來愈焦慮，希望自己盡快振作起來、趕上他們。因為自己已經頹廢了幾年，現在他更希望自己盡快做出改變、逆風翻盤。可是，現實卻是他愈努力，對自己愈失望！他質問自己為什麼不能每天去健身？為什麼不能堅持吃健康食物？為什麼不能控制自己不熬夜、不發脾氣……隨著一次又一次失望，他感受到愈來愈多絕望。他覺得自己這一生可能都無藥可救了。

案例中的小北因為狀態不好，蹉跎了幾年歲月。當他看到朋友的成績時，焦慮促使他強迫自己要更快、更完美的好起來。一旦要快和要完美的驅力啟動，具有破壞性的迷你腳本便啟動。每當他不能堅持健身、不能控制飲食、又一次熬夜、又一次發脾氣時，破壞性迷你腳本便一次又一次運行著，他的生活狀態也隨之愈來愈糟。最終，當他學會允許自己慢下來、允許自己犯錯、允許自己不與他人比較、允許自己從小處著手改變時，建設性迷你腳本便啟動。隨著一次又一次微小的建設性迷你腳本的運行，光亮終於重新回到他的生活中，他感覺自己逐步衝破了之前的停滯與黑暗，生活終於朝積極的方向發展。

重新塑造你的腦迴路，養成「贏」的慣性

也許有些人會好奇，那我要累積多少成功，才能擁有贏家腳本呢？這裡，我向大家介紹一下浙江大學胡海嵐教授團隊關於「逆襲的小老鼠」的研究[28]，也許你會獲得一些啟發：

有一隻名叫豆豆的小老鼠，是一籠四鼠中地位最低的老鼠。當研究者把兩隻小老鼠按照頭對頭的方向放到一個狹長的管道裡，出於領地占領意識，兩隻小老鼠都會往前衝。牠們會在管子內部相互推擠，最終等級地位低的老鼠會主動退出或被等級地位高的老鼠推出管子。

接著，研究者刺激豆豆的大腦前額葉皮質細胞（與推擠相關的大腦區域）。戲劇性的一幕發生了，豆豆變得自信而英勇，發出了更多推擠行為，並且能夠堅持得更久，最終將等級較高的小老鼠推出了管子，在這場競爭中成功翻盤！

之後，研究者繼續仔細分析這些小老鼠的行為。他們發現，如果重複對豆豆的前額葉進行刺激，幫牠贏得競爭中的勝利，當次數多於六次時，這隻等級較低的小老鼠豆豆就算不依賴外界刺激，也能自行一路拚殺，直到成為最高等級的小老鼠，並將戰果維持下去。因此，研究者得出了一個結論：重複勝利的經歷，可能對小老鼠的大腦產生了長期的改變。

據說，拳王泰森出獄後再次贏得金腰帶，也是使用了和豆豆取勝類似的方法。他曾經輝煌一時，但後來鋃鐺入獄。出獄後意志被消磨的他，怎麼奪回曾經的榮耀呢？據說，泰森的經紀人巧妙為他安排了兩場比賽，對手的實力都遠遠弱於泰森，泰森不出所料贏得了這兩場比賽。後來，泰森戰勝了強大的對手，再次奪得了金腰帶。胡海嵐教授團隊的研究結果提示人們：**在相對簡單的較量中獲勝的經歷，有助於重塑相關的腦迴路（也就是通俗意義所說「增強了自信心」），之後才能提高在困難較量中獲勝的可能性**。

現在，你能更好的理解為什麼要從小處著手，從迷你腳本開始改變了嗎？微小的改變才有成功的更高可能性，而連續的成功才會讓我們擁有「贏」的慣性，創造出贏家腳本（在書的最後，希望你還記得腳本中「贏」的概念，並非指戰勝他人，而指實現個人目標）。

練習13 創造建設性迷你腳本

本章，我邀請你進行的練習主題是「創造建設性迷你腳本」。

步驟1

回顧在你的日常生活中，建設性迷你腳本和破壞性迷你腳本所占比率各有百分之多少。

步驟2

回顧之前的經驗，寫出一個自己常會上演的破壞性迷你腳本。破壞性迷你腳本的劇情走向通常為：❶對自己提出強制性要求：如果你不怎麼樣，你就是不好的（比如：如果你不努力、完美，就是不好的）；❷達不到強制性要求時，感到自我否定；❸叛逆兒童可能會跳出來開始實施報復（例如：攻擊他人：「你到處都是問題，還要求我做到完美!?」）；❹陷入絕望狀態，感受孤單、不被需要、不被愛、沒有價值、被脅迫、無助等。

步驟3

將對自己的強制性要求，更改為給自己滋養性的允許；將這個常常上演的破壞性迷你腳本，改寫為建設性迷你腳本。

建設性迷你腳本的劇情走向通常為：❶給自己允許；❷被束縛的兒童自我感到被允許，從而獲得前進的力量；❸自由兒童得到釋放，確認「我好－你也好」的心理地位；❹獲得讚歎人生的感受，充滿力量感、滿足感、喜悅感、興奮感，並能夠覺察到新選擇。

完成改寫後，看看兩種劇情帶給你什麼感受與思考。

學員分享　燕子：

建設性迷你腳本百分之六十，破壞性迷你腳本百分之四十。

常上演的破壞性腳本：❶如果你連早上送孩子去幼兒園都搞不定，妳就不是一個好媽媽，妳就沒能力，妳就是不好的。❷我沒做到讓孩子早上好好配合我，覺得很失落、挫敗。❸我已經很努力在做了，是家人沒有幫助我。❹我很沒用，搞不定孩子，我什麼都做不好。

轉換迷你腳本：❶妳不必做到事事完美，孩子善良、有禮貌、有愛心，她有這麼多優秀的特質；每個孩子的花期不同，允許孩子、允許自己慢慢來。❷妳一直堅持學習、找尋解決方案，妳是一個有智慧的媽媽。❸找準方向，持續不斷去做，一定會愈來愈好的！

改寫後有一種元氣滿滿的感覺，大膽的向前走吧，身體會有記憶的，走過的每一步都算數。

學員分享 閃閃：

破壞性迷你腳本占我日常生活中的比率為百分之四十，建設性迷你腳本百分之六十。

我的破壞性迷你腳本是：當我跟男友聊天，他沒有積極回應我時，我會覺得自己是不是說錯話了，他是不是不愛我了，於是陷入與其被拋棄，不如先拋棄他的想法，就開始冷漠對待，感覺自己很孤單、不被愛、沒有價值。

我修改後的建設性迷你腳本是：當我和男友聊天，他沒有積極回應我時，想他可能在忙，在處理自己的事情，也可能是有其他的情緒，不一定是自己說錯了話。如果我要確認他是不是不愛我了，可以跟他求證，不需要自己想像，我的價值不建立在他是否積極回應上。

建設性迷你腳本促使我們的關係走得更近，而且可以更了解對方，破壞性迷你腳本只會把人推得更遠。

接下來的目標是將養育型父母外在的聲音內化：閃閃，妳可以犯錯、可以不完美、不必討好每個人、不必急急忙忙、可以說錯話、可以變老。釋放被束縛的「自由兒童」。放下怨恨和自以為是，相信自己和他人都是好的。進入讚歎人生的感受中，充滿力量感、滿足感、興奮感、喜悅感，並能夠覺察到新選擇。重複勝利的經歷，給自己新的經驗。

結語

這本書，讓你停止在過去的腳本中掙扎

現在，你閱讀到了本書的結尾。感謝你與我一起完成了一趟自我探索與轉變的旅程。還記得你打開這本書時的狀態嗎？還記得是什麼樣的力量推動你閱讀了這本書嗎？還記得那時自己的期待嗎？翻至首頁，還記得自己當時的感受嗎？

在之前的篇章中，我們一起學習了什麼是人生腳本，以及認識人生腳本的重要性。之後，我們探索了六個腳本發展階段，以及在六個階段需要發展的六項能力：存在、行動、思考、認同、精熟、整合。成功獲得這六項能力，是發展出良好腳本的必要條件。潘蜜拉·萊文的理論帶給我們希望，讓我們知道，如果這六項能力在腳本第一輪發展中沒有發展完善也沒有關係，我們可以在後續發展中彌補它們、重啟它們。這一部，我們分別探討了如何將腦中的負面聲音替換為滋養的聲音，如何接受來自他人的積極安撫，如何給予他人積極安撫，如何消除漠視、化被動為主動，如何發現自己腳本中的既存優勢，如何區分腳本世界與現實世界，以及如何將破壞性迷你腳本轉化為建設性迷你腳本。**這些內容可以幫助你積極利用自身及身邊的資源，在當下所處的現實世界建構新的、健康的腳本，而非在過去的舊腳本中不斷掙扎、糾纏。**

現在，本書即將結束，你對自己所學的還滿意嗎？你對自己的理解加深了嗎？你有了一些讓自己感覺良好的收穫嗎？十八章的閱讀也許無法帶來翻天覆地的改變，但如果你更認識自己的腳本，收集了改寫腳本的能量，或者已經開始做出一些不同的行為，那麼就請你給自己點個大大的讚！改變的過程並不容易，每一步前進都需要花費巨大的努力。熱愛自己、支持自己、欣賞自己才能幫助自己走更長、更遠的路。

最後，我邀請大家一起完成本書的最後一個練習——為自己祝福。

練習 14

學會給自己祝福，讓它們轉化為你的力量

請閉起眼睛，想像自己處於花團錦簇的一片草地。接下來，你會收到來自四個方向的祝福。

步驟1 請想像從南方走來一隻動物，可能是一隻可愛的兔子，也可能是一隻充滿力量的熊，或者一隻翱翔的鷹。請根據自己的感覺，感受這是什麼動物，牠為你帶來什麼祝福？

步驟2 想像從西方飄來一株植物，可能是一枝花、一棵樹，也可能是一叢草。請根據自己的感覺，感受它是什麼植物，為你送來什麼祝福？

步驟3 想像從北方滾來一塊石頭，它可能是一顆圓潤的鵝卵石，一塊鋒利的岩石，也可能是一顆亮閃閃的水晶。請根據自己的感覺，感受它是什麼樣的石頭，又替你送來什麼祝福？

步驟4 想像從東方走來一個人，他可能是你的家人、你的朋友，也可能是陌生人。請根據自己的感覺，感受他是誰，為你帶來什麼祝福？

你可以把四個方向的祝福填到下頁的表格裡。然後，把四個方向的祝福合而為一充滿感激的放在心裡，讓它們轉化為你的力量。

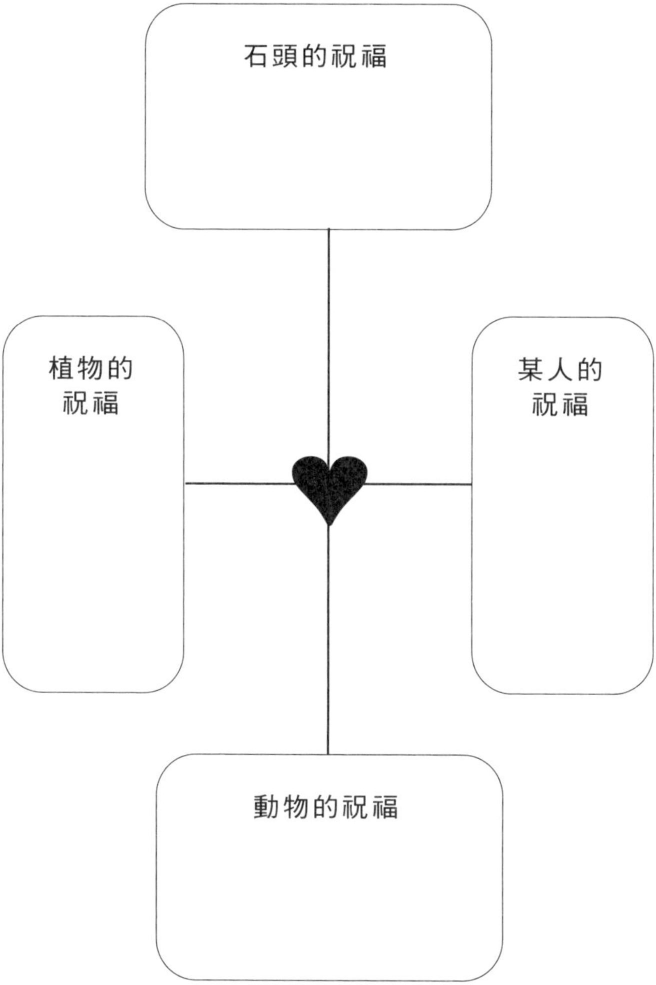

再會，親愛的朋友們。願我們還有下一次機會，在茫茫人海再次相遇！

參考書目

1. Eric Berne／著。《人生腳本：改寫命運、走向治癒的人際溝通分析》（*What Do You Say After You Say Hello? The Psychology of Human Destiny*）；周司麗／譯；中國輕工業出版社，2021。繁體中文版：《溝通分析心理學經典2【人生腳本】》；周司麗／譯；小樹文化，2022。
2. Eric Berne／著。《人生腳本：改寫命運、走向治癒的人際溝通分析》（*What Do You Say After You Say Hello? The Psychology of Human Destiny*）；周司麗／譯；中國輕工業出版社，2021，第32 頁和第132 頁。繁體中文版：《溝通分析心理學經典2【人生腳本】》周司麗／譯；小樹文化，2022。
3. Robert Goulding & Mary Goulding (1976), Injunctions, Decisions, and Redecisions. *Transactional Analysis Journal*, 6:1, 41-48.
4. Taibi Kahler & Hedges Capers (1974), The Miniscript, *Transactional Analysis Journal*, 4:1, 26-42.
5. Muriel James, Dorothy Jongeward／著。《天生的贏家》（*Born to win*）；田寶、葉紅賓／譯；清華大學出版社，2013。繁體中文版：《強者的誕生》；劉寧／譯；遠流出版社，1994。
6. Eric Berne／著。《人生腳本：改寫命運、走向治癒的人際溝通分析》（*What Do You Say After You Say Hello? The Psychology of Human Destiny*）；周司麗／譯；中國輕工業出版社，2021。繁體中文版：《溝通分析心理學經典2【人生腳本】》；周司麗／譯；小樹文化，2022。
7. Pamela Levin／著。《發展的循環：生命中的七個季節》（*Cycles of Power: A User's Guide to the Seven Seasons of Life*）；田寶、王筱璿、張思雪等／譯；機械工業出版社，2021。
8. Yuval Noah Harari／著；《人類簡史：從動物到上帝》（*Sapiens: A Brief History of Humankind*）；林俊宏／譯；中信出版集團，2022 年。繁體中文版：《人類大歷史》；林俊宏／譯；天下文化，2022年。
9. Pamela Levin／著。《發展的循環：生命中的七個季節》（*Cycles of Power: A User's Guide to the Seven Seasons of Life*）；田寶、王筱璿、張思雪等／譯；機械工業出版社，2021。
10. Pamela Levin／著。《發展的循環：生命中的七個季節》（*Cycles of Power: A User's Guide to the Seven Seasons of Life*）；田寶、王筱璿、張思雪等／譯；機械工業出版社，2021，第37頁。
11. Pamela Levin／著。《發展的循環：生命中的七個季節》（*Cycles of Power: A User's Guide to the Seven Seasons of Life*）；田寶、王筱璿、張思雪等／譯；機械工業出版社，2021，第55頁。
12. Pamela Levin／著。《發展的循環：生命中的七個季節》（*Cycles of Power: A User's Guide to the Seven Seasons of Life*）；田寶、王筱璿、張思雪等／譯；機械工業出版社，2021，第75頁。

13. Eric Berne／著。《人生腳本：改寫命運、走向治癒的人際溝通分析》（*What Do You Say After You Say Hello? The Psychology of Human Destiny*）；周司麗／譯；中國輕工業出版社，2021，第44頁。繁體中文版：《溝通分析心理學經典2【人生腳本】》；周司麗／譯；小樹文化，2022。
14. Thomas Ohlsson／著。《慢慢來：托馬斯老師講溝通分析》（*Take Your Time: Teacher Thomas Talk TA*）；周司麗／譯；中國輕工業出版社，2022年，第四章。
15. Sandra Ingerman, Soul Retrieval: Mending the Fragmented Self, 2006, HarperOne。繁體中文版：《靈魂復原術：用古老薩滿方法，重拾生命和諧之道》；達娃／譯；新星球，2018。
16. Pamela Levin／著。《發展的循環：生命中的七個季節》（*Cycles of Power: A User's Guide to the Seven Seasons of Life*）；田寶、王筱璿、張思雪等／譯；機械工業出版社，2021，第93頁。
17. Eric Berne／著。《人生腳本：改寫命運、走向治癒的人際溝通分析》（*What Do You Say After You Say Hello? The Psychology of Human Destiny*）；周司麗／譯；中國輕工業出版社，2021，第166頁。繁體中文版：《溝通分析心理學經典2【人生腳本】》；周司麗／譯；小樹文化，2022。
18. Pamela Levin／著。《發展的循環：生命中的七個季節》（*Cycles of Power: A User's Guide to the Seven Seasons of Life*）；田寶、王筱璿、張思雪等／譯；機械工業出版社，2021，第113頁。
19. Julie Hay／著。《態度與動機：工作中的人際溝通分析》（*Working it Out at Work*）張思雪、田寶／譯；機械工業出版社，2020，第219頁。
20. Eric Berne／著。《人生腳本：改寫命運、走向治癒的人際溝通分析》（*What Do You Say After You Say Hello? The Psychology of Human Destiny*）；周司麗／譯；中國輕工業出版社，2021，第120頁。繁體中文版：《溝通分析心理學經典2【人生腳本】》；周司麗／譯；小樹文化，2022。
21. Pamela Levin／著。《發展的循環：生命中的七個季節》（*Cycles of Power: A User's Guide to the Seven Seasons of Life*）；田寶、王筱璿、張思雪等／譯；機械工業出版社，2021，第129頁。
22. Eric Berne／著。《心理治療中的溝通分析：一個系統化的個人及社會精神病學》（*Transactional Analysis in Psychotherapy: A Systematic Individual and Social Psychiatry*）；黃珮瑛／譯；中國輕工業出版社，2023年，第43頁。
23. Ian Stewart & Vann Joines／著。《今日TA：人際溝通分析新論》（*TA Today: A New Introduction to Transactional Analysis*）；田寶、張思雪、田盈雪／譯；世界圖書出版公司，2017年，第227頁。繁體中文版：《人際溝通分析練習法》；易之新／譯；張老師文化，1999。
24. Fanita English (1977). What shall I do tomorrow? Reconceptualizing transactional analysis. In Bames G. (Ed.), *Transactional analysis after Eric Berne: Teachings and practices of three TA schools* (pp. 287–347). New York: Harper's College Press.
25. Eric Berne／著。《人生腳本：改寫命運、走向治癒的人際溝通分析》（*What Do You Say After You Say Hello? The Psychology of Human Destiny*）；周司麗／譯；中國輕工業出版社，2021，第183頁。繁體中文版：《溝通分析心理學經典2【人生腳本】》周司麗／譯；小樹文化，2022。

26. Eric Berne／著。《人生腳本：改寫命運、走向治癒的人際溝通分析》（*What Do You Say After You Say Hello? The Psychology of Human Destiny*）；周司麗／譯；中國輕工業出版社，2021，第317頁。繁體中文版：《溝通分析心理學經典2【人生腳本】》周司麗／譯；小樹文化，2022。
27. Taibi Kahler & Hedges Capers (1974). The Miniscript, *Transactional Analysis Journal*, 4:1, 26-42.
28. https://baijiahao.baidu.com/s?id=1573019129228398&wfr=spider&for=pc